编委会名单

聚焦高阶思维的
大综合育人

——成都师范附属小学万科分校创新育人模式探索

刘　莉　陈英姿　文陈平◎编著

四川大学出版社
SICHUAN UNIVERSITY PRESS

项目策划：唐　飞　段悟吾
责任编辑：唐　飞　王心怡
责任校对：段悟吾
封面设计：墨创文化
责任印制：王　炜

图书在版编目（CIP）数据

聚焦高阶思维的大综合育人 ： 成都师范附属小学万
科分校创新育人模式探索 / 刘莉，陈英姿，文陈平编著
． 一 成都 ： 四川大学出版社，2021.9
　　ISBN 978-7-5690-5025-7

　　Ⅰ． ①聚… Ⅱ． ①刘… ②陈… ③文… Ⅲ． ①小学教
育－教育研究 Ⅳ． ① G622.0

中国版本图书馆 CIP 数据核字（2021）第 195191 号

书　名	聚焦高阶思维的大综合育人——成都师范附属小学万科分校创新育人模式探索

JUJIAO GAOJIE SIWEI DE DAZONGHE YUREN—CHENGDU SHIFAN FUSHU XIAOXUE
WANKE FENXIAO CHUANGXIN YUREN MOSHI TANSUO

著　　者	刘　莉　陈英姿　文陈平
出　　版	四川大学出版社
地　　址	成都市一环路南一段 24 号（610065）
发　　行	四川大学出版社
书　　号	ISBN 978-7-5690-5025-7
印前制作	四川胜翔数码印务设计有限公司
印　　刷	四川盛图彩色印刷有限公司
成品尺寸	170mm×240mm
印　　张	14
字　　数	268 千字
版　　次	2021 年 11 月第 1 版
印　　次	2021 年 11 月第 1 次印刷
定　　价	60.00 元

◆ 读者邮购本书，请与本社发行科联系。
　 电话：(028)85408408/(028)85401670/
　 (028)86408023　邮政编码：610065
◆ 本社图书如有印装质量问题，请寄回出版社调换。
◆ 网址：http://press.scu.edu.cn

四川大学出版社
微信公众号

序

综合实践活动课程是基础教育课程改革的一大亮点,同时也是深具挑战的一大难点。说它是亮点,是因为它在课程形态上力克知识本位和碎片化教学的积弊,体现了素质教育的育人要求,为培养和提高学生综合素质开辟了广阔前景。说它是难点,是因为它是一门比较特殊的国家课程,只有指导纲要,没有课程标准,没有教材,甚至也没有专门的师资,需要学校和教师进行校本化的开发、实施和评价,这对学校和教师的课程意识与课程领导力都提出了极高的要求。

成都师范附小万科分校,遵循国家课程方案要求,从学校实际出发,一步一个脚印,以综合实践活动课程的开发为切入口,不断攻坚克难,实现了综合实践活动课程的规范化、常态化和专业化开设。而且,他们把亮点做亮做大,把难点变成了学校育人方式改革的生长点,摸索出独具特色的聚焦高阶思维的大综合育人模式。

起初,为落实 2001 年颁发的国家义务教育课程设置方案,学校成立专门的课程研究团队,深耕综合实践活动课程模块,用五年多的时间把课程完整开起来,努力让亮点亮起来,形成一年级至六年级综合实践活动课程的整体实施框架。

接着,从 2010 年至 2014 年,学校又用五年时间,把综合实践活动课程亮点做大,将综合实践活动课程理念辐射到更多教育教学活动之中,推进小学综合实践活动课程与学科课程的互构性统整,实现跨学科、学科间、学科内的倒三角课程整合。在课程内容的选择中，基于我与自然、我与他人、我与社会、我与自我四大课程模块，从小学生感兴趣的日常话题出发，尝试把话题和问题转化为项目，以项目的形式展开综合实践活动课程。

进而，自 2015 年至今，在综合实践活动课程规范化开设和项目化实施基础之上，聚焦高阶思维发展，探索以合作、探究、问题解决为核心要素的项目化教学，促进深度学习，形成了指向学生综合素养发展的小学项目化综合实践活动课程序列和教、学、评相一致的创新性教学样态。

至此，学校根据政策要求，把握自身实际，围绕综合素养核心目标，具体分解转化为各个年段的综合实践活动课程目标体系；基于年段目标体系，形成了在自然、他人、社会、自我四个领域具有内在逻辑一致、螺旋上升的课程模块和主题内容；将项目作为学习内容集约机制和学习动力内生机制，建构项目化的小学综合实践活动课程实施模式；坚持立足过程促进发展的课程评价原则，注重学生在综合实践活动过程中的实际体验和表现，确立指向学生综合素养发展的全过程评价体系；从团队、工具、资源三个方面搭建确保项目化综合实践活动课程有效实施的保障系统。

成都师范附小万科分校，抓住综合实践活动课程这个亮点和难点，通过把亮点做亮做大，辐射带动更多教育教学活动，实现聚焦高阶思维的大综合育人办学格局，从而把综合实践活动课程这个课改亮点和难点转化成了学校教育教学改革的重要生长点。通过综合实践活动课程带动的大综合育人改革与创新，学生在规范化、常态化、项目化的综合实践活动中，综合素养得到显著提升，学生学习兴趣日益浓厚，学习投入度更高，学业质量持续提升，在鉴赏能力、非常规问题解决能力方面呈现明显优势，创造性问题解决能力表现突出。教师也在促进学生综合素养提升的过程中，同步实现自身综合实践教学能力与专业素养的内涵发展，取得了丰硕的教学研究成果和卓越的教学业绩。与此相伴的是，学校在十六年间逐渐彰显了综合实践活动课程和项目化教学特色，在省内、市内的家长中拥有良好口碑，是市民心中家门口的好学校。

现在，成都师范附小万科分校将他们在综合实践活动课程开发、实施、评价和管理等方面的思考与探索历程进行系统梳理，汇集成《聚焦高阶思维的大综合育人》一书。该书不仅是对他们学校团队多年来持续推进综合实践活动课程研究和大综合育人办学实践的深刻总结和专业交待,更是小学综合实践活动课程校本化实施的杰出教学研究成果,为广大关注和开展综合实践活动课程和项目化教学探索的中小学同行以及教育研究人员提供了不可多得的大综合育人的实践样例,具有重要参考和借鉴价值。

吴刚平

于华东师范大学课程与教学研究所

2021 年 9 月 12 日

目　录

中篇　实践探索

下篇　师生风采

上篇　理性思考

第一章　大综合育人模式

在本章，我们将重点回答以下四个问题：第一，为什么会提出大综合育人模式？第二，大综合育人模式究竟是什么？第三，大综合育人模式在实践中应该怎样操作？第四，如何判断大综合育人模式实践得怎么样？

一、大综合育人模式的提出背景

为什么会提出大综合育人模式？我们需要看到，其提出并不是空穴来风，它既是课程改革持续深入推进的必然方向，又是提升课堂教学质量的客观要求，还是实现整全育人的重要途径。

（一）整全育人是核心素养时代教学变革的必然方向

人类从 20 世纪的工业时代迈入 21 世纪的信息时代，其显著特点是信息通信技术的广泛运用使人类的经济模式转变为知识经济，人类社会进入知识社会，即人的知识、思想和技术成为商品的社会。[①] 这带来的影响是那些主要由常规认知工作和常规手工劳动所构成的工作，正在或将被机器代替，其所占劳动力的份额逐渐下降。与此同时，逐渐增长的份额则是那些不能被计算机代替的、强调专家思维或复杂交往的工作。此外，科学技术的快速发展导致职业更迭迅速，从业者在一生中与工业时代较为稳定的工作相比，极有可能会更换多

---

① 张华. 论核心素养的内涵 [J]. 全球教育展望，2016，45（04）：10－24.

次工作。这些都对教育提出了新的挑战。面对现实困境，个体不仅要为已有的创新驱动的职业做好准备，还要为尚未出现的职业做好准备。换言之，个体需要具备专家思维以及一系列创新能力、实践能力、学习能力、交往能力等复杂能力，以形成顺应时代和社会发展的适应力与竞争力。正是在这样的时代背景下，培养学生具有广泛迁移性的核心素养应运而生，成为世界各国教育领域的热门词汇。

"核心素养"一词在2014年3月教育部出台的《教育部关于全面深化课程改革 落实立德树人根本任务的意见》中首次出现。[①] 2016年9月，《中国学生发展核心素养》总体框架正式发布，以培养"全面发展的人"为核心，分为文化基础、自主发展、社会参与三个领域。[②] 2017年，基于学科核心素养的普通高中课程标准颁布。2018年3月，北京师范大学中国教育创新研究院首次对外发布《21世纪核心素养5C模型研究报告》，其中五大素养分别是文化理解与传承、审辩思维、创新、沟通、合作。[③] 中国基础教育课程改革已经进入培养学生关键能力和必备品格的核心素养新时代。

核心素养回答了"培养什么样的人"这一问题，是课程改革新的目标追求。于是，我们需要思考的一个关键问题是：核心素养究竟是如何生成与发展起来的？可以肯定的是，核心素养的生成与发展离不开知识学习，但为什么学生学到了知识却并没有发展出核心素养呢？究其深层原因，核心素养在生成路径、发展势态和表现方式上都暗含着整合取向的育人观。因此，教学需要促进学生德智体美劳的全面发展，即整全育人。整全育人不是简单意义上的将各个方面并列或补齐，而是将其进行有机的聚集，从而促进学生的整体发展。早在100多年前，杰出教育家蔡元培先生就提出了"五育"的教育观，涉及军国民教育、实利主义教育、公民道德教育、美育以及世界观教育五个方面。而在当前的时代背景下，习近平总书记在全国教育大会上指出"要培养德智体美劳全面发展的社会主义建设者和接班人"[④]。2019年7月8日，《中共中央 国务院关于深化教育教学改革全面提高义务教育质量的意见》进一步要求"坚持德智

---

① 中华人民共和国教育部. 教育部关于全面深化课程改革 落实立德树人根本任务的意见［EB/OL］. 2014 - 04 - 08 ［2021 - 07 - 20］. http://www. moe. gov. cn/srcsite/A26/jcj _ kcjcgh/201404/t20140408 _ 167226. html.

② 成尚荣. 寻找核心素养落地的力量——核心素养与未来学校［J］. 中国教师，2017：16.

③ 魏锐，刘坚，白新文，等. "21世纪核心素养5C模型"研究设计［J］. 华东师范大学学报：教育科学版，38（2）：9.

④ 新华社. 坚持中国特色社会主义教育发展道路［J］. 党史纵横，2018，000（011）：1 - 1.

体美劳'五育'并举,全面发展素质教育"①。可见,我们在不同的时代背景下都在追求相同的教育目标,即实现人的整全发展。同时,整全育人也有着坚实的理论基础。一是马克思的"人的全面发展理论"。他指出"任何人的职责、使命、任务就是全面地发展自己的一切能力""成为自己的社会结合的主人,从而也成就为自然界的主人,成为自身的主人——自由的人"②。二是西方人本主义者的"全人教育学说"。代表人物约翰·米勒这样解释全人教育的内涵:第一,教育全人,整合人的不同侧面;第二,将人视为整体而不是部分的组合进行教育;第三,在整体的环境中进行。③

由此看来,整全育人的核心理念和价值追求与以核心素养为目标的课改理念十分契合,是核心素养时代教学变革的必然方向。

(二)一线的课堂教学仍然存在整而不合的问题

我国现阶段的中小学课堂以分科教学为主,为了培养学生的核心素养,主题教学和单元教学正如火如荼地开展。不可否认,从理论层面分析主题教学和单元教学确实在一定程度上改善了教学缺乏整合的局面;但在实践层面,一线课堂教学存在的主要问题是仅有形式的"整"而无实质的"合"。从整合性的知识观入手,以教学目标、教学内容、教学过程、教学结果为分析维度,当前的课堂教学存在以下四方面的问题。

第一,教学目标割裂。教学目标不仅为教学活动指明了方向,还制约着教学实施的过程与方法,并为教学评价提供依据,因此在课堂教学中占据着非常重要的地位。2001年,第八次课程改革提出了知识与技能、过程与方法、情感态度与价值观的三维目标,它的提出无疑是对课程改革之前教学目标定位的一种超越,突破了偏重知识传授与知识理解的传统教学规范。经过20年的课程改革,三维目标已经被教师广泛接受和运用,但也存在着一些问题。比如,教师虽然设置了完整的三维目标,但人为地将其割裂开来,没有注意到三者之间的逻辑关系,导致其成为三个独立的教学目标。并且在后续的教学过程中,

---

① 中华人民共和国教育部. 中共中央 国务院关于深化教育教学改革全面提高义务教育质量的意见 [EB/OL]. 2019—06—23 [2021—07—20]. http://www.moe.gov.cn/jyb_xxgk/moe_1777/moe_1778/201907/t20190708_389416.html.

② 中共中央马克思恩格斯列宁斯大林著作编译局. 马克思恩格斯文集:第3卷 [M]. 北京:人民出版社,2009:566.

③ 杨秀治. 全人教学研究 [M]. 北京:人民教育出版社,2017 (7):35.

教师也没有以教学目标为主线，将教学内容与过程有机串联起来。

第二，教学内容零散庞杂。教师在教学中究竟拿什么知识来"养"学生，直接影响着课堂教学的内涵与深度。从知识的内在构成上看，现代认识论提出知识具有三个不可分割的组成部分，分别是符号表征、逻辑形式和意义。其中，符号是知识的外在表现形式，逻辑形式是知识构成的规则或法则，意义是知识的内核。[①] 从知识的结构来看，学科知识是一个有机联系的整体，有其自身的节点和网络，而不是零散、孤立的知识堆积。简言之，任何知识如果离开其整体结构，都会失去它的完整意义和深层力量。然而在实践中，教师往往有着强烈的知识点情节，过分注重细节，只是单从某个知识点本身或某节课去讲解，试图将所有知识点全部教给学生。在这种情况下，知识与知识之间相互分离，学生难以将知识放在纵横交叉的结构网络中去建构，因而学到的是大量缺乏整合的浅表和低位的知识，自然也无法获得对世界的整体性认知。

第三，教学过程浅表。学生的学习与发展需要教师耐心的引导，需要教师"授人以渔"，而不是"授人以鱼"。怎样"授人以渔"？任何知识都存在于一定的时间、空间、价值体系、语言符号等情境因素中，离开了这种特定的境域，既不存在任何的知识，也不存在任何的认识者和认识行为。[②] 换言之，知识如果脱离了特定的情境，就只剩下一堆毫无意义的符号形式外壳。因此教师应该以真实的情境统领整个教学过程，让学生在真实的情境中经历问题的分析、探究与解决过程，学会将所学知识迁移运用到不同的问题情境中。让学生在真实的情境中"做事"，是培养学生核心素养的最好办法。[③] 但在当下的课堂中，教师习惯越俎代庖，直接将知识"告诉"学生，学生只是被动地接受，自身的主动性和创造性没有得到充分的发挥。这样的教学过程不仅使学习活动所需的情境被极大地简化，还造成了知识与实践相分离。因此，学生获得的是大量惰性知识，并没有很好地消化和吸收，难以实现知识的深度理解和迁移运用。

第四，教学结果低阶。波兰尼将人类的知识分为两种：一种是用书面文字或地图、数学公式来表示的；另一种是不能系统表述的，如有关自己行为的某种知识。[④] 换言之，存在着一部分"只可意会，不可言传"的个人知识。有学者指出，尊重学生的个人知识是发展素养的关键。由此可以看出，促进知识与

① 李松林. 回归课堂原点的深度教学 [M]. 北京：科学出版社，2016：37.
② 石中英. 知识性质的转变与教育改革 [J]. 清华大学教育研究，2001（02）：29－36.
③ 崔允漷. 如何开展指向学科核心素养的大单元设计 [J]. 北京教育（普教版），2019（02）：11－15.
④ 郁振华. 人类知识的默会维度 [M]. 北京：北京大学出版社，2012：17.

学生自我的整合是课堂教学的重要一环。但由于前三个方面带来的消极影响，导致学生获得的知识缺乏个人的理解和创造，缺乏个人经验的参与，因此难以实现知识的自我理解与建构，知识所蕴含的丰富的育人价值也不能发挥应有的作用。

综上，教学实践中依然存在着教学目标割裂、教学内容零散庞杂、教学过程浅表、教学结果低阶的问题，这与核心素养的整体生成逻辑背道而驰，难以发展出学生的核心素养。

（三）大综合育人模式是实现整全育人的重要途径

人的整体性要求教育要以整体的思维对待人的发展。要实现整全育人，不仅要使学习始终维持对知识的深度建构，而且还要统摄、建构、序化各种学习资源，以达到学习目标、学习内容、学习过程、学习评价及整个学习的统整。通过对已有研究的梳理和分析发现，当前学界对如何实现更具整合性的学习已有一定的研究成果，如大单元教学、项目化学习、整本书阅读等。因此，在借鉴已有研究及当前中小学实践成果的基础上，我校结合不断探索的实际情况，提出了大综合育人模式。

我校传承成师附小百年文化，又因是区域内第一所社区精品小学，凭借丰富的社区资源及教育力量，开展了各类社会性实践学习活动。此外，学校还组建了"大综合"实践学习研究团队，成立了多学科共融合的项目研究共同体。这些都为研究积淀了丰富的案例和经验。学校秉持以生为本的教育理念，2005年至今，历经16年的研究，从提出问题到理论构建、课程开发、实践检验、成果总结、推广应用，完成了100余次专项研讨、20余次专项调研、1000多节案例分析以及2000余名学生的个性发展追踪，创生了学科内与学科外并行的大综合实践学习理念，探索出多学科融合的大综合育人模式。那么，何谓大综合育人模式？大综合育人模式是在一定的实践教育理论的指导下，以跨学科整合为重要途径，通过问题解决实现学科内和多学科知识技能的综合化应用，以促进学生素养的全面发展为目标的一种育人模式，具有以大概念为统领、以大主题为统合、以大生活为原点的可操作性的程序和方式，用以指导学校的育人活动和相关实践。在此基础上，将大综合育人模式划分为基于大概念的学科内综合、立足大主题的学科＋综合以及回归大生活的跨学科综合三种类型，并探索出话题驱动式学习、主题探究式学习、问题解决式学习三大操作路径。此外，还通过团队建设、开发学习工具以及汇聚多方资源创设了多元互动的实施空间。

大综合育人模式不仅是一种学习方式，本身也是一种课程形态、一种教育理念。作为一种学习方式，大综合育人模式打破了传统固化的教学模式，引导学生在实践参与中发现问题、分析问题、解决问题。作为一种课程形态，大综合育人模式突破了单一学科知识教学的藩篱，引导学生在多学科课程融合中具身体验，以此激发学生的创造力和想象力。作为一种教育理念，大综合育人模式引导学生回归生活，走进社会，是对学校"爱满天下 知识为公"办学理念的具化与落实。一言以蔽之，大综合育人模式能够突破传统学科教学的局限，规避活动课程"有限的综合"，将多学科知识与能力整合融通，是实现整全育人的重要途径，也是真正实现核心素养具象化的有效载体。

二、大综合育人模式的基本认识

大综合育人模式究竟是什么？这是本部分要回答的问题。我们将从大综合育人模式的本质内涵、基本特征以及基本类型三个方面来阐述。

（一）大综合育人模式的本质内涵

大综合育人模式的本质内涵是什么？分析和回答这个问题，可以将其拆分为"大综合"与"育人模式"两个核心概念来理解。

1. 大综合

对大综合育人模式的认识，关键在于澄清"大综合"的本质内涵。大综合究竟是什么样的综合？可以从三个维度展开：大综合的词源、大综合与碎片化的区别、大综合的价值。

第一，大综合的词源。首先是对"综合"的理解。帕森斯认为"综合"最基本的意图和关注，是将各种学校的科目联系起来，使它们对学生更有意义。[①]《现代汉语词典》对"综合"的解释是：与"分析"相对，把分析过的对象或现象的各个部分、各属性联合成一个统一的整体。[②] 换言之，"综合"是将事物的各个部分联结为一个有机的整体。

[①] Parsons M. Art and Integrated Curriculum [M] //Eisner E W, Day M D. Handbook of Research and Policy in Art Education. New York：Routlege，2004：775 – 791.

[②] 中国社会科学院语言研究所词典编辑室编. 现代汉语词典 [M]. 第 7 版. 北京：商务印书馆，2016：1743.

其次是对"大"的理解。"大"与"小"相对，指在体积、面积、数量、强度、力量等方面超过一般或超过所比较的对象。① 也就是说，"大综合"比"综合"所联结的整体的范围更广、程度更深。

第二，大综合与碎片化的区别。因为是分析课堂教学，因此首先将大综合的归属确立为一种教学样态。其次再找到与之相对应的教学样态，即碎片化。然后从教学目标、教学内容、教学过程、教学场域、教学结果五个维度，揭示二者的主要区别，如表1-1所示。

表1-1　大综合与碎片化的区别

概念 ＼ 维度	教学目标	教学内容	教学过程	教学场域	教学结果
大综合	知识的理解、建构	内核、整体、多维，多学科	学生建构、主动探索、问题解决、环节整合	课堂、社区、家庭等	深度理解、迁移运用
碎片化	知识的获取、识记	表层、局部、单一，单一学科	教师"告诉"、被动接受、做题操练、环节零散	仅限于课堂	浅层理解、机械运用

第三，大综合的价值。对价值的分析是以大综合针对的现实问题为起点。因为当前的课堂教学缺乏内涵与深度，无法让学生通过知识的学习形成必备的品格与能力，以适应信息社会发展的要求。因此，大综合的价值是搭建知识向素养转化的桥梁，培养学生的核心素养。

综上，将大综合界定为：大综合是突破单一学科知识教学的藩篱，以学生建构知识、生成意义为教学目标，以大概念为线索统领教学内容，以大主题统合教学过程，以大生活囊括教学场域，旨在对学生产生深刻且全面的影响，进而培养学生核心素养的一种教学样态。

2. 育人模式

首先，何谓"育人"？《现代汉语词典》的解释是：对人进行德育、智育、体育、美育等多方面的教育、培养即为育人。② 从教育的角度来看，育人主要

---

① 中国社会科学院语言研究所词典编辑室编. 现代汉语词典［M］. 第7版. 北京：商务印书馆，2016：238.

② 中国社会科学院语言研究所词典编辑室编. 现代汉语词典［M］. 第7版. 北京：商务印书馆，2016：1603.

探讨的是培养什么样的人和如何培养人的问题。[①]

其次，何谓"模式"？《现代汉语词典》对"模式"的定义是：各种事物的标准形式或使人可以照着做的标准样式。[②] 我国学者对"模式"的解释是：模式是依据一定的理论基础表征活动和过程的一种模型或形式。一种模式蕴含着一定的理论倾向，代表某种活动结构或过程的范型，一般通过数学、图文或文字的形式，以一种简洁的形式再现活动的结构和操作程序。[③] 简言之，模式上接抽象理论，下连具体实践，是沟通理论与实践的桥梁。

最后，何谓"育人模式"？"育人模式"是指在一定教育理论指导下，为服务教育对象的成长与发展，对符合教育规律的教育方式方法、教学过程的组织方式作简要概括，以供教育实践选择。[④] 本书借鉴这种对育人模式的理解。

3. 大综合育人模式

根据以上分析，结合"大综合"与"育人模式"的概念，本书将大综合育人模式界定为：在一定的实践教育理论的指导下，以跨学科整合为重要途径，通过问题解决实现学科内和多学科知识技能的综合化应用，以促进学生素养的全面发展为目标的一种育人模式，具有以大概念为统领、以大主题为统合、以大生活为原点的可操作性的程序和方式，用以指导学校的育人活动和相关实践。

（二）大综合育人模式的基本特征

事物都是在一定的关系中存在的，关系的状态规定着事物的存在状态。[⑤] 因此要分析事物的基本特征，可以将其放入一定的关系中探讨。通过分析大综合育人模式与学科、学习、学生三者之间的关系，揭示出其具有结构性、情境性、意义性三个鲜明的基本特征。

1. 结构性

首先，大综合育人模式与学科的关系涉及的是"学什么"的问题，揭示出其结构性。布鲁纳认为教学的重点和关键所在是让学生掌握一般概念，即学科

---

① 尹万芳. 中职学校电子商务专业产教融合育人模式研究 [D]. 广州：广东技术师范大学，2019.

② 中国社会科学院语言研究所词典编辑室编. 现代汉语词典 [M]. 第7版. 北京：商务印书馆，2016：919.

③ 钟志贤. 大学教学模式更新：教学设计视域 [M]. 北京：教育科学出版社，2008：89−90.

④ 徐丽曼. 高校思想政治教育实践育人模式研究 [D]. 大连：辽宁师范大学，2009.

⑤ 李松林. 回归课堂原点的深度教学 [M]. 北京：科学出版社，2016：40.

的"基本结构"①，它是指各门学科的基本概念、基本原理以及它们相互之间的规律和联系②。质言之，在知识指数级增长的新时代，教师应教给学生少而精的高质量知识，让学生通过概念的掌握理解学科的知识结构。大综合育人模式的结构性表现在围绕大概念进行学科知识统整，使学生不再局限于某个孤立的、静止的点去理解事物，而是从静态转向动态，看到世界万物都是普遍联系的，从而将各种相关的经验和事实建构为一个连贯的、有机的整体，形成良好的认知框架，获得可迁移的概念理解力、解决复杂问题的思考力和创造新观点的生长力。

2. 情境性

其次，大综合育人模式与学习的关系涉及的是"怎么学"的问题，揭示出其情境性。任何知识的意义都不仅是由其本身的陈述形式来给定的，更是由其所位于的整个意义系统赋予的。换言之，有深度的教学，不仅它的发生高度依赖问题情境，且是否实现也必须回到问题情境，通过实际的问题解决才能加以确证。大综合育人模式的情境性表现在将知识与特定的社会和文化情境相联系，即建立起知识与事物的现实联系。在此基础上，将知识放回到"需要类似思维"的真实（准真实）的问题情境中，关键是将缺乏内涵、活性的书本知识改造设计成为灵活且具有一定挑战性的真实（准真实）问题，更进一步讲，就是让学生在问题解决中学习。

3. 意义性

最后，大综合育人模式与学生的关系涉及的是"学得怎么样"的问题，呈现出其意义性。如果教学没能进入学生的精神世界和意义领域，这样的教学是缺乏深度的，自然也难以培养学生的核心素养。大综合育人模式的意义性体现在两个方面：一是学生不仅习得了知识的符号形式，更内化了知识背后蕴含的思想和价值，建构起知识的意义；二是学生在对知识意义建构的过程中，提升了自我的精神意义，包括情感、态度、价值观等方面。

（三）大综合育人模式的基本类型

为了彻底改革过于分化的育人模式，本书将大综合育人模式的基本类型划分为学科内综合、学科+综合以及跨学科综合三种。

---

① 布鲁纳. 布鲁纳教育论著选 [M]. 邵瑞珍，张渭城，等，译. 北京：人民教育出版社，1989：31.
② 布鲁纳. 布鲁纳教育论著选 [M]. 邵瑞珍，张渭城，等，译. 北京：人民教育出版社，1989：4.

1. 基于大概念的学科内综合

什么是大概念？结合国内外不同学者对大概念内涵的阐释，可以归纳出三方面的共识。首先，在地位上，大概念是在大量经验和事实的基础上抽象概括出来的核心或上位概念，不同于基础概念，是学习的重点。其次，在结构上，大概念是能将散落的相关的经验、事实和概念条理清晰地联结起来的认知框架，相当于能将零部件组装起来的"车辖"。最后，在功能上，大概念具有易于理解、增强记忆、促进迁移等多方面的价值，其中最重要的是迁移，学生能将学到的有限的大概念迁移运用到无限的问题和情境中。

为什么要基于大概念展开学科内综合？在知识指数级增长的新时代，浅层的知识教学已不能满足学生素养的发展需求，学科课程的文本素材可能时有调整，教育教学应致力于帮助学生掌握概念、发展思维，促使其获得可迁移的概念理解力、解决复杂问题的思考力和创造新观点的生长力，即基于大概念开展教学。

怎么样基于大概念展开学科内综合？学科内综合是知识本位的综合，其基本思路如下：首先，立足于学科整体分析教学内容，提炼具体教学内容背后的大概念；其次，结合学科课程标准的要求，梳理大概念的学习进程及重要节点；再次，以大概念为线索整合教学内容，形成有意义关联的结构化知识整体；最后，依据学生的发展需要，结合教学内容确定学习的主题和学习模式。

学科内综合的育人模式，体现了学科学习方式的变革，同时也整合了真实问题的解决。经过前期的研究和实践，各学科的教师已经将学科内的知识整合研究作为一种常态在课堂教学中进行实践，具体表现出以下三种路径：课时内的实践学习活动、单元式的实践学习活动、跨单元的实践学习活动。三种学科内综合实践学习课程设计均指向两个方面的素养培育：一方面是基于课程标准中的关键能力或概念，另一方面又要指向创造性、探究与问题解决、合作等重要的学科素养。

2. 立足大主题的学科＋综合

何谓大主题？大主题是对大概念的具体化和情境化，相对于以前的单元主题而言，大主题往往具有两个特性：一是学科内的跨单元性，二是不同学科的跨学科性，既能反映学科知识之间的关联性，也能体现学科之间的相通性。大主题的选定指向真实问题，以学生在学校、家庭甚至社会中遇到的真实问题为契机，创设真实的问题情境，围绕大主题设计符合儿童发展水平的序列实践学习项目，引导学生在问题解决中发展综合素养。

为何要立足大主题展开学科＋综合？传统的学科教学更多侧重于工具性，教学内容也相对碎片化，知识点的训练分散在每个课时中，且缺乏与现实生活的联系，不利于发展学生的思维与素养。而立足大主题的学科+综合，学生能够主动将学科知识能力与现实生活联系起来，创造性地解决真实问题，从而服务于社会，形成正确的价值观念。

如何立足大主题展开学科+综合？学科+综合是社会生活需求本位的综合。我们从学生生活的学校和社区中的真实问题为出发点，对现实问题再进行必要的合理化改造，开发基于真实情境的学科+综合学习。例如，立足于我校作为一所社区配套小学的特点，我们将校园与社区作为学科+综合学习的核心板块，在社区课程中，学生通过自主调研梳理出生活的社区中存在的问题，并从中选择了亟待解决的"进校难"与"停车难"问题，在帮助社区解决问题的过程中内化知识、拓展思维。

3. 回归大生活的跨学科综合

大生活是什么？首先，学习场域大。学习的场域不限于课堂和学校，而是将其延伸至学生熟悉的家庭、社区，在真实的场景中引导学生身临其境地进行学习实践，在开放多元的学习场域中促进思维的培养。其次，学习内容广。在学科课程知识的基础上，进一步拓展学习内容，将学生的学科学习与社会生活、知识获得与思维发展有机融合，强化课程内容的综合性和实践性。再次，教育主体多。在教师和学生为主体的基础上，激活和调动多方面的教育资源，在真实的问题情境中，协助引导学生完成知识建构与思维发展。

回归大生活展开跨学科综合的意义是什么？传统的课堂教学虽然也有一定的情境，但这个情境多是教师模拟的，具有一定的抽象性和概括性，学生难以理解和运用，且不能很好地调动学生学习的积极性。而回归大生活的跨学科综合，通过创设与社会接壤、生活接轨的真实场景，激发学生主动参与和积极体验，在多方面教育资源的协助引导中完成知识建构与素养发展。

回归大生活的跨学科综合应该怎样操作？跨学科综合是主体活动经验本位的综合。我们将跨学科综合划分为社区生活课程、社会生活课程以及实境课程。在社区生活圈中，将科学、信息技术等学科与社区真实需要相联系，开发了海绵社区课程，以生物、雨水、土壤等为主题进行环保的跨学科探索。在社会生活圈中，基于五大馆开发了相应的场馆课程，如与金沙博物馆、许燎原当代艺术馆、四川省科技馆等场馆合作，在真实的生活情境中展开问题解决学习。在实境课程领域，按照地域划分为成都、四川以及中国三大板块。其中，成都以"美食"为主题，开发了"舌尖上的成都"实践学习课程；四川以"文化"为主题，开发了"诗词里的四川"实践学习课程；中国则以"历史"为主题，开发了"行走中的祖国"实践学习课程。

三、大综合育人模式的实践框架

基于前文的分析，本书将大综合育人模式的实践框架归纳为：一个价值追求、两个前端分析、四个核心过程、两个操作模式、两大支持体系，如图1-1所示。其中，价值追求是大综合育人实践的价值导向，前端分析、核心过程引导与模式选择是大综合育人的三个实践环节，支持体系是大综合育人活动开展的保障。

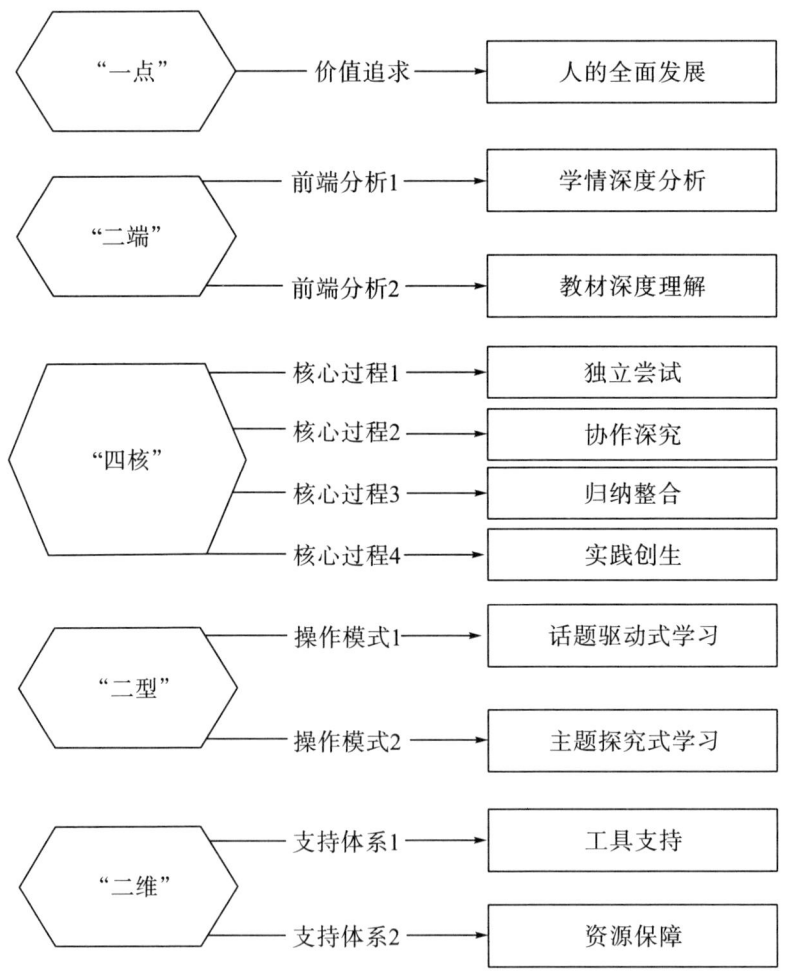

图1-1 大综合育人模式实践框架

（一）一个价值追求：人的全面发展

培养什么人的问题，是教育的首要问题，它体现着教育工作者对学生发展的价值追求，它决定着教育工作的根本方向和任务，也是衡量教育质量的根本标准。中华人民共和国成立几十年来，"全面发展"一直都作为我国的教育方针指导着我国基础教育的前进路线，明确地规定了学生的全面发展就是学校教育教学的价值追求所在。作为教育方针，它几十年来都不曾改变的稳定性、一贯性，展现了这种方针的生命力。

何为全面发展？新时代背景下的全面发展大致包括三种含义：个体的多方面的发展、各方面的整体性的发展和个体的个性化的发展。

1. 多方面发展

人的全面发展在个体意义上首先表现为个体基本素质在主观能动性的作用下得到"多方面的发展"。那么，个体基本素质的多个方面包含哪些内容呢？基本素质，顾名思义，即人之为人所具有的一些基本方面的要求。关于人的多方面发展，最早是由古希腊教育学家亚里士多德提出，他认为人的发展是一个由身体、情感到理性发展的过程，并提出了体育、德育和智育的教育思想。马克思、恩格斯在深刻地批判资本主义形式下的大工业生产导致工人片面发展时也指出，人的全面发展应该是体力的各方面与智力的各方面都得到发展。还有研究者认为，人的全面发展不仅是指体力与脑力的充分发展，而且指人的体魄、智力、精神、兴趣、爱好、人格等各种能力得到圆满的发展。[①]

可见，对于人们的基本素质的多方面发展，我们可以理解为体魄、智力与精神等多个方面的发展，也可以理解为德智体美劳等多个方面的发展，但是无论是哪种理解，各种基本素质都是人健康发展不可或缺的，"人的各种最基本最基础的素质必须得到完整的发展，各个方面可以有发展程度上的差异，但缺一不可，否则就是片面发展"[②]。

2. 整体性发展

人的全面发展在个体意义上还表现为基本素质多个方面的整体性发展。苏霍姆林斯基强调德智体美劳五个方面的融合发展，他在《帕夫雷什中学》一书

[①] 顾明远. 终身学习与人的全面发展 [J]. 北京师范大学学报（社会科学版），2008 (6)：115 - 118.

[②] 扈中平. "人的全面发展"内涵新析 [J]. 教育研究，2005 (5)：6.

中写道："要实现全面发展，就要使智育、体育、德育、劳动教育和审美教育深入地相互渗透和相互交织，使这几个方面的教育呈现为一个统一的完整过程。"① 人说到底也是整体的人，是不可分割的。学生在德智体美劳五个基本面的完全发展也并非德智体美劳五个基本面的分别发展，而是德智体美劳五个基本面有机统一的整体性发展。或者说，学生的全面发展主要是一个表征整体质量的概念，而不是德智体美劳五个基本面发展的机械总和。②

3. 个性化发展

人的全面发展在个体意义上，最后还表现为每一个个体的个性化发展。对于"人的全面发展"，我们必须跳出这样一个误区，即所谓的"全面"是面面俱佳，要求每一个个体在每一个方面都得到最佳标准的发展，成为无所不能的人。事实上，个体在基本素质的各种要素上的天赋是有差异的，正如加德纳的研究指出，人类智能可以分为言语—语言智能、逻辑—数理智能、视觉—空间智能、身体—运动智能等八种智能，而每个人都各有自己擅长的一种或多种智能。③ 因此，个体不可能是流水线出来的标准化完人，其无论是在发展所涉及的方面还是发展的程度，其发展都是有差异的，是个性化的发展。可以说，学生的全面发展不是德智体美劳五个基本面的平均发展，而是学生在德智体美劳整体发展基础上的个性发展。

（二）两个前端分析：学情深度分析与教材深度理解

在开展大综合育人实践之前，需要做两个前端的分析：一是对学情的深度分析，二是教材的深度理解。学生学情的分析状况在很大程度上影响着学生学习过程的质量，对学生学情的深度分析，有利于找到教学的起点、困难点与突破点，从而更高效地引导学生展开大综合育人活动。而学科教材的分析状况在很大程度上决定着学科教学内容的深度，对学科教材的深度理解有利于把握学科内容的本质、结构与深层价值，引导学生进行更有深度的学习。

1. 学情的深度分析

学生学情的深度分析要从学生的前理解、触发点、困难处、关键点和发展区五个方面着手。①前理解。教师对学生学情深度分析的第一方面是了解学生

---

① 吴式颖. 外国教育史教程［M］. 北京：人民教育出版社，1999.
② 李松林. 全面发展教育的关键在于整合［J］. 教育科学研究，2019（06）：1.
③ 加德纳. 多元智能（最新修订版）［M］. 沈致隆，译. 北京：新华出版社，2004.

的前理解，深入分析学生的先见、先知和先验，了解学生先前有过的见识、已经学过的知识和曾经有过的经验，从中去定位学生学习的关节点和困难处。②触发点。教师对学生学情深度分析的第二方面是找到激发学生学习动机的触发点，了解学生的新奇处、困惑处、共鸣处与挑战处。知道什么地方是让学生觉得新鲜好奇的，什么地方是让学生觉得有矛盾冲突的，什么地方是与学生生活经验、情感世界产生共鸣的，以及什么地方是能够对学生心智能力形成刺激和发起冲击的。③困难处。教师对学生学情深度分析的第三方面是分析学生的学习困难处，确定学生在学习过程中可能遇到的认知障碍，了解在什么地方学生的学习会遇到困难。④关键点。教师对学生学情深度分析的第四方面是分析帮助学生突破认知障碍的关键点。关键点是学生能否突破和克服认知障碍的临界点和分水岭，通常表现为决定学生能否真正理解的精要之处。因此教师需要对关键点准确定位，并重点点拨。⑤发展区。教师对学生学情深度分析的第五方面是分析学生的发展区，即对学生能够和可能达到的发展水平进行分析。其重点是对学生发展的现实水平和潜在水平进行定位，前者是指学生基于独立学习，同时在教师或同伴的帮助下能够达到的发展水平，后者是指着眼于学生潜能的充分挖掘，让学生有机会解决更具挑战性的复杂问题而达到的发展水平。①

2. 教材的深度理解

学科教材的深度分析主要需要从教材理解的深刻性、完整性、反思性、整体性四个方面入手。①深刻性。教材理解的深刻性是要求教师在分析、理解教材时，要超越学科教材的表层，透过现象看到内在的本质，深刻地把握学科教材的本质与内核。②完整性。教材理解的完整性是要求教师在分析、理解教材时，要超越学科教材理解的基础知识、基本技能的"双基"标准，能够从多个维度把握学科教材，从而诠释、掌握学科教材的完整内涵。③反思性。教材理解的反思性是要求教师在分析、理解教材时，要超越学科教材的具体性知识，运用批判与反思的思维，反过来领会具体性知识背后的本体性知识。④整体性。教材理解的整体性是要求教师在分析、理解教材时，要超越学科教材的局部认知，将一课与其他课、一个单元与其他单元、一本教材与其他教材、一门学科知识与其他学科知识等联结起来，进行对比分析，了解知识与知识之间的联系与区别，善于从整体上把握学科教材的基本结构。②

---

① 李松林，贺慧，张燕. 深度学习设计：模板与示例［M］. 成都：四川师范大学电子出版社，2020：44－47.

② 李松林. 回归课堂原点的深度教学［M］. 北京：科学出版社，2016：50.

（三）四个核心过程：从独立尝试到实践创生

无论是话题驱动式学习，还是主题探究式学习，其核心关键都是让学生在问题解决中进行学习，可以肯定地说，问题解决学习是大综合育人模式的基本范式。作为大综合育人模式的基本范式，问题解决学习一般包含独立尝试、协作深究、归纳整合和实践创生四个核心环节。

1. 独立尝试

展开问题解决学习的第一个核心环节是独立尝试。在这个环节中，教师需要创设一个真实的问题情境或准真实的问题情境，让学生产生认知冲突，进而引导学生明确本次活动要深入研究的问题，并给学生提供独立尝试的机会，引导学生自主分析问题、探究问题。

2. 协作深究

展开问题解决学习的第二个核心环节是协作深究。在学生独立尝试之后，教师需要引导学生通过协作交流，去发现解决问题的思想方法并获得理性结论，让学生在互动交流中去追因究理、深入探究。

3. 归纳整合

展开问题解决学习的第三个核心环节是归纳整合。在学生协作深究后，教师需要引导学生对问题解决过程中的知识与技能、方法与思想、逻辑与根据、意义与价值等核心内容进行反思和综合，从而建构起具有广泛迁移力的认知结构。

4. 实践创生

展开问题解决学习的最后一个核心环节是实践创生。当学生建构起具有广泛迁移力的认知结构后，教师需要引导学生运用自己的经验体系和认知结构去解决相类似和更复杂的实际问题，并反过来促进学生对知识的深度理解和迁移运用。

（四）两个操作模式：话题驱动式学习与主题探究式学习

从独立尝试到实践创生的问题解决学习是大综合育人活动的核心过程，学生在问题解决的过程中完成了知识建立、思维发展、身份建构等综合发展。从具体的操作来看，在课堂教学中有话题驱动式学习、主题探究式学习两大大综合育人的操作模式。

1. 话题驱动式学习：激趣引思，启发想象

话题驱动是指以教学中、教材中或者现实中牵一发而动全身的有意义话题为驱动器，触发整个教学过程的展开和推进。话题驱动式学习就是指站在学生本位角度，以有意义的话题为驱动器，通过体现学科本质的教学活动设计，使学生在学习的过程中产生积极向上的情感，能主动认真参与，对有意义的话题进行深入思考，在学生、学科、教师和文本进行多重对话的过程中，使学生增进理解、提升思维、养成情感的教学样态。

话题是这一基本学习模式的原点，有意义的话题是促进学生创新思维发展的有效载体。在不断的实践探索中，我们总结出有意义话题的四个特征：方向性，即话题聚焦有边界；开放性，即话题不局限于学科教材；参与性，即学生在其中获得参与感；复杂性，即能够充分激发学生的探究欲望。"话题生成—话题推进—反思创新"是整个话题驱动式学习展开过程的三部曲，基于此，我们构建出大综合育人的一个操作模式——话题驱动式学习，并提炼出三个环节相应的操作策略，如图1-2所示。

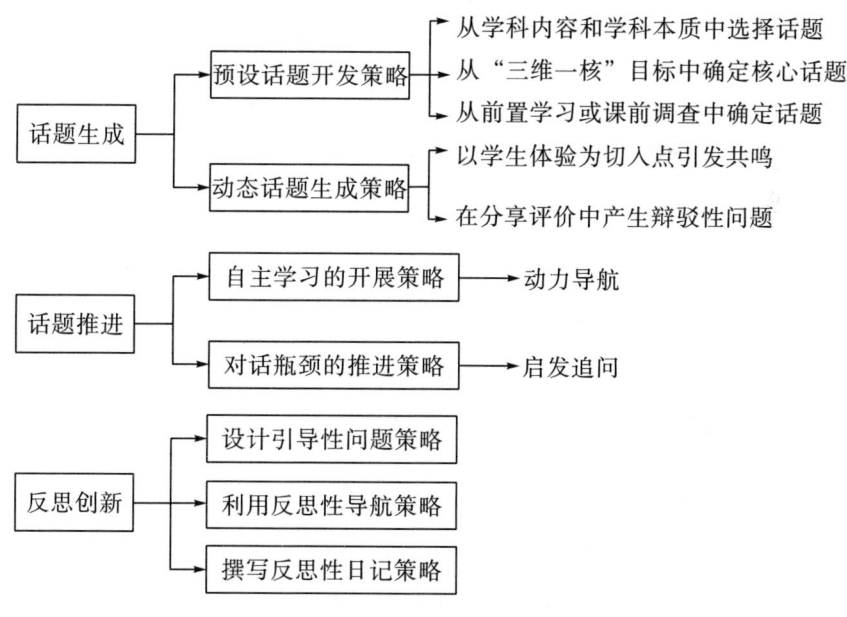

图1-2 话题驱动式学习模式

2. 主题探究式学习：自主探究，独立思考

主题探究式学习着眼于自主探究、独立思考意识的培养。与传统的综合实践学习不同，主题探究式在学习方式上更强调让学生去实践和创作，在学习结果上强调学生的深度理解和实践创新。

聚焦学生高阶思维的培养，以斯坦福大学的"设计思维"为抓手，结合探究性学习的特点和教学设计原则，将主题探究式学习过程划分为"问题导入—深度建构—评价反思"三个基本阶段，"聚焦问题—头脑风暴—设计方案—制作模型—分享改进"五个基本环节。通过学科与各领域的整合，以及思维工具的介入，实现对学生创新思维以及实践能力的培养，如图1-3所示。

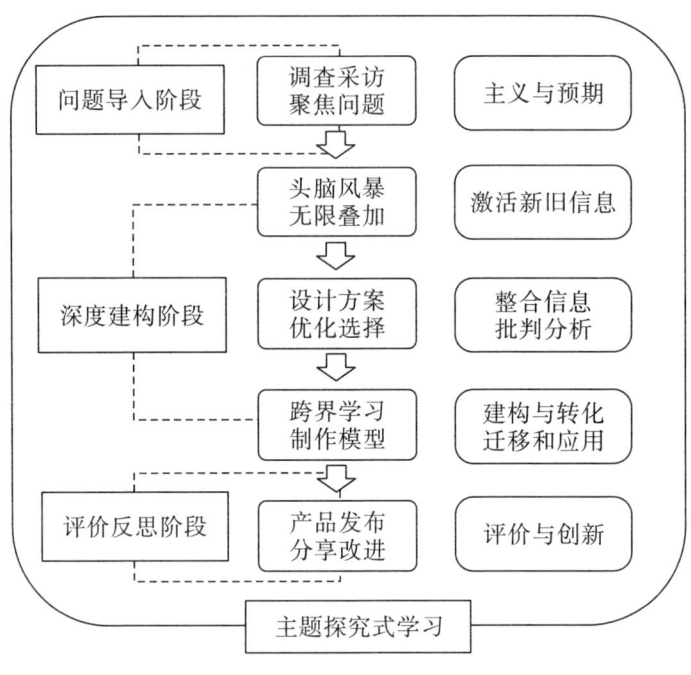

图1-3　主题探究式学习模式

（五）两大支持体系：工具支持与资源保障

大综合育人的实现，对学习环境提出了更高的要求。当代信息技术、多种思维工具和各种社区资源等为这种学习环境的创设提供了重要的支持。对资源与工具的深度分析、选择、综合、利用，可以为大综合育人活动提供保障，支持大综合育人活动的顺利开展。

1. 工具支持

来源于真实生活情境的问题对于学生来说往往具有挑战性，学生要从现实水平发展为潜在可能水平离不开外部的支持。工具的介入，一方面促进学习过程中对学生思维方法的引领；另一方面是在问题解决的过程中对学生思维习惯模式进行培育，很多同学在一个又一个的项目完成过程中，逐渐形成了相应的思维方式，又再一次反哺学科核心素养。

学习工具支持可以从自主学习工具、思维认知工具、技术工具三方面入手。①自主学习工具。可以针对学生的不同个性、不同思维层次、不同发展水平，从定标、定向、定法、定时四个板块入手，为其设计个性化动力导航。其中，定标指聚焦核心话题（或问题）；定向指确定有针对性的学习内容；定法指确定针对这个核心话题的研究可用的学习方式；定时指确定学习时间。根据活动推进的需要，又将个性化动力导航划分为激趣生疑型、任务驱动型、对话交流型、自我实现型四种类型。②思维认知工具。为了促进学生在学习过程中的深度理解和思维过程的外显，可以根据活动内容、活动形式、活动类型等的不同为学生提供不同思维认知支持工具。学习中常使用的认知工具包括SMART 分析法、谏友 7 步法、SWOT 分析工具、PDCA 循环规则工具、六顶思考帽、金字塔思维法、"6W1H 原则"。③技术工具。信息化时代的当下和未来一定少不了运用各类技术，根据技术工具的不同功能、特点等，可以分别运用到调查分析、小组合作、创意表达等活动之中（如表 1-2 所示），从而在学习的过程中不断优化和促进学生整全发展。

表 1-2　技术工具的分析与选择

种类	技术工具
调查分析类	问卷星、麦克表单
小组合作类	QQ 视频、ZOOM 云视频、CCtalk、讯飞语记
创意表达类	iMovie、XMind Cloud、拾柒

2. 资源保障

大综合育人打破了传统课堂的时间与空间结构，很多实践学习过程都要突破 40 分钟为单位的一节课，在时间与空间上由课内向课外延伸。对资源的分析有助于高效地聚集资源，从而得到多方的助力，真正打破学习的边界。

资源保障可以从课时资源的保障与教学内容资源的保障两方面着手。①课时资源保障。大综合育人活动要在学校教学中常态落地必然要有真正的课时保证，不能让学习方式的变革成为量的增加、负担的增加。因此需要尝试对基础课程采用统筹、优化、重组等方式进行，以提高基础课程学习的有效性，并将节约出的课时运用到大综合实践学习的尝试中，从而达到减负增效提质的最终目的。比如，学科课程的单元整合探索、德育班会课时的整体设计融合、重组班会核心内容等。②教学内容资源保障。教学内容的挖掘与活动的开展可以依据多方力量的支撑，除了挖掘学校内部的教学力量，学校还注重加强与家长、社区、行业专家等各方的沟通、交流与合作，融入校内学长、家长、社会人士等对学生大综合实践学习过程中的需求予以支持。比如，充分挖掘家长资源、组建家长资源库、利用社区配套小学的优势与社区紧密联合、建立"Uber 式教师资源库"等。

四、大综合育人模式的评价

基于前文，我们回答了为什么要大综合育人、大综合育人究竟是什么以及怎样进行大综合育人的问题。本部分就是要回答大综合育人实践得怎么样的问题，即解决大综合育人活动的评价问题。具体来看，可以从评价理念的转变和评价项目的规范两个方面着手。

（一）转变评价理念

大综合育人模式的推进，需要更高要求的教育评价，伴随着大综合育人活动的开展，教育评价理念亟须经历一系列的转型：评价目的需要从对学生评价向着为学生评价而转型，评价主体需要从教师评价向着多元主体评价而转型，评价对象需要从知识本位向着素养本位而转型，评价方式需要从终结性评价向着过程性评价而转型。

1. 从对学生评价到为学生评价的转型

为什么要进行学生评价？学生评价是对学生的学习进展与行为变化的评价，按照功能不同就可以分为对学生的评价和为促进学生发展的评价。美国学者洛克希德认为，当前学生评价有六个普遍的目标：为高一级的教育选拔学生；认证学生的成就；监测学生的成就变化趋势；评价特定的教育项目和政策；促进学校对学生成就负责；诊断学生个体的学习需要。[①] 显而易见，在这六方面的目标中，有些是评价最为原始和基本的目标，如选拔性目标；有些则

---

① 崔允，王少非，夏雪梅. 基于标准的学生学业成就评价［M］. 上海：华东师范大学出版社，2008.

是后来出现的目标，如监测、政策评价等。六方面目标中除了诊断学生个体的学习需要外，其余五个目标的评价基本上都属于"对学生学习的评价"，关注学生在学习过程中的变化与发展。

然而，大综合育人模式强调以人为本，倡导的是为了促进学生发展的评价，应走向"为了学生学习的评价"。"为了学生学习的评价"是指为学生发展的评价，也就是说，这里的评价就是发现、收集、解释有关学生学习信息的过程，而这些信息可作为学习者和教师的下一步学习决策，旨在支持学生学习的持续改善与进步，帮助学生达到更多的目标和更高的水平。①

2. 从教师评价到多元主体评价的转型

谁来对大综合育人活动进行评价，即大综合育人活动的评价主体是谁呢？在一般的教学活动中，教师常常承担了评价主体的责任。受我国传统文化"师道尊严"的心理的影响，从"天地君亲师"的表述中可以看出，自古教师的形象就被神圣化、权威化，由此也形成了控制型的教学文化。在学校的课堂教学中，家长和学生在教师面前更多的是遵从，以教师的标准作为自己评判的标准，而教师又单一地遵照国家所提出的统一要求。由此，导致参与评价活动的主体单一，隐藏着评价观念及标准单一化的实质。

大综合育人模式的评价呼唤着评价主体从单一向着多元的转型。自评与他评相结合，实现评价主体的多元化，尊重多元的价值需求，满足个性化发展目标的实现。大综合育人模式需要建立由教师、学生、家长、管理者，甚至包括专业人员共同参与的交互评价过程。在这种评价中，学生从评价客体也转变为评价主体，学生在整个学习过程中积极主动地参与到评价中去，同时评价也为学生提供学习过程的反馈，帮助学生进行自我反思、自我教育、自主成长，从多渠道获得教学信息和改进空间，并形成对自身认知、思维、能力以及情感变化的动态认识，促进学生成长为全面发展的个体。在这种评价中，学生的感受、意见被重视，从而促使评价过程更为客观、公正和有效。自评与他评相结合是大综合育人模式评价的必然选择。

3. 从知识本位到素养本位的转型

大综合育人模式要评价什么呢？很多课堂只是局限于教学的功利层面，与"利"沾边的都被定义为"有用"，与"利"不沾边的，便可视为"无用"，"有用之评"成为一切教学工作基本的价值取向和行为标准，形成了知识本位的教学评价观。这种教学评价观以理性人、知识人为人性假设，追求知识的学科

---

① 王凯. 发展性校本学生评价研究［M］. 上海：华东师范大学出版社，2009.

性、学术性，将知识视为对客观世界真实、完美的表征与映现，教学意味着学科知识的传递、讲授，教学评价即是对学生基本知识、基本技能掌握情况的诊断。然而，这种教学评价观念将思想方法、思维方式、探究过程、审美情趣、价值观念、人文精神等无形的东西忽略了。恰是这些无形的、看似"无用"的东西才是能帮助学生走得更远、更稳的。

大综合育人模式的教学评价则不同，它以综合评价为主，关注个体差异，要评价的是学生的核心素养的发展，关注学生全方面的发展，是以素养为本位的教学评价。素养本位的评价观，将个体视为具备认知、情感、意志等多维度真实、完整的人，追求知识对个人发展的价值，认为对学生的评价"不能用一般化的标准，更不能用学科专业的标准，而只能用学生成长的标准。从以书本知识为中心转到关注学生发展为中心"①。其特别重视学生全面发展，如积极的学习态度、良好的学习习惯、正确的学习方法、创新精神、分析问题和解决实际问题的能力、正确的价值观和人生观、积极的情感态度、健康的体魄、良好的审美素质和技能等。既重视知识技能的评价，又关注情感、态度、价值观的评价，更重视学生的现实行为表现。此外，为了尊重个体发展的差异性和独特性，注重对个体发展独特性的认可，帮助学生树立自信，使每一位学生的优势和潜能都能得到发挥。

4. 从终结性评价到过程性评价的转型

大综合育人活动的评价方式应该是怎样的呢？一个基本的观点是：随着大综合育人活动的开展，教育评价方式必须从以考试分数为主的评价方式向关注学生学习过程与思维发展的评价方式转型，即由重视结果的终结性评价转向重视过程的形成性评价，评价重心逐渐转向更多地关注学生的求知过程、探究过程和努力过程。

在聚焦高阶思维发展的大综合育人学习活动中，为了更好地评价学生在学习过程中的发展水平，可以采用表现性评价与过程性评价相结合的方式，实现评价重心的转移。在进行客观测验的同时，也依据行动、表演、展示等更真实的表现来评价学生的思维能力、创造能力以及实践能力。通过收集和分析反映学生发展过程和结果的资料，利用学生的自我评价、教师和同伴的观察与评价、来自家长的信息、考试和测验的信息、成绩与作品的收集和其他有关能说明学生进步的证据等，为学生的发展建立全面、客观的资料档案，反映学生成长发展的过程。这种注重过程的评价，能深入了解学生发展的进程，及时了解

---

① 杨小微. 近二十年我国基础教育课程研究的方法论探析［J］. 教育研究，2000（3）：38－43.

学生在发展中遇到的问题、做出的努力及获得的进步，这样就能对学生的持续发展进行有效的指导，体现了评价促进发展的思想。[①]

（二）规范评价项目

基于前面的理论准备，结合学校的实践推进，我们将大综合育人活动的评价项目分为三大部分：大综合育人课程体系的评价、教师教学行为的评价、学生发展的评价。

1. 大综合育人课程体系的评价

大综合育人活动以儿童的高阶思维发展为核心目标，是以国家课程为基础，与社会实践课程有机整合、一体发展的课程结构。为保障课程建构和实施的科学性与有效性，在不断的探索和实践的过程中，我们形成了"双线·三议"的课程审议制度，如图1-4所示，以评价为监控主线，促进课程实施方式的调整转化，从而保证"大综合"实践学习的实施质量。

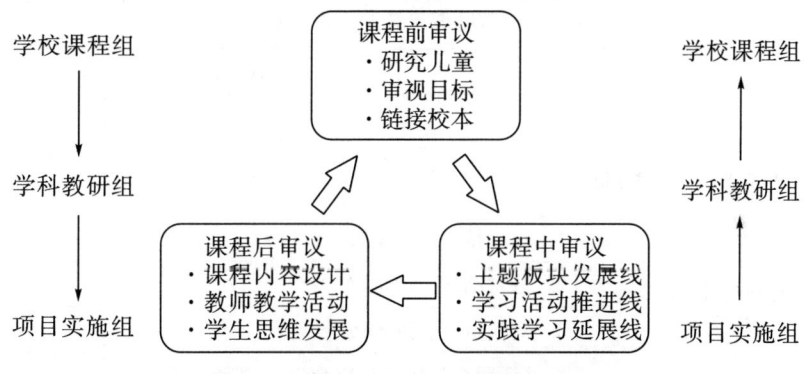

图1-4 "双线·三议"的课程审议制度

"双线"是指自上而下的顶层设计线与自下而上的民主参与线。双线审议，既保障了大综合育人活动的课程方向与高阶思维的培养指向，又保证了每位教师作为课程审议的主体参与每次审议活动，同时让教师在解读教材中进一步理清了课程实施的逻辑，实现教师从单一的课程实施者向课程创生者的角色转变。

"三议"是指在课程实施前、实施中和实施后进行逻辑性分析、实践性操作和经验性总结。在课程实施前，从研究儿童、审视目标、链接校本三个方面

---

① 王本陆. 课程与教学论［M］. 第2版. 北京：高等教育出版社，2009：275.

入手，对课程主题进行理性思考；在课程实施中，以主题板块的发展、学习活动的推进、实践学习的延伸为线索，深入分析大综合实践学习的脉络，调试课程实施框架；在课程实施后，对课程内容设计、教师教学活动以及学生思维发展进行整体评价反思，提炼课程实施的策略。

2. 教师教学行为的评价

大综合育人活动中，教师的引导对学生高阶思维的发展起着至关重要的作用。针对大综合实践学习中教师是否具备促进学生高阶思维发展的意识和能力，我们从教学过程中教师的行为出发进行课堂观察，从课前、课始、课中、课末、课后五个时间维度，搭建了评价的框架，着力体现出教师对学生的引导与实践指导能力。其中，课前关注教师的分析行为，包括对教材和学生分析的行为，课始着重考察教师情境创设的行为，课中着重考察教师对师生对话、生生对话、多维对话引导的行为，课末考察教师对学生的课堂反思、课堂表现评价的行为，课后考察教师对学生发展水平评价的行为，其具体评价指标如表1-3所示。

表1-3　教师课堂教学行为观察量表

执教		年级		教学内容		
		学科		日期		
评价指标		分值	评价内容			评价结果（总分100）
课前15	教师与教材的深度对话	10	1. 教材精要之处把握准确（2）			
			2. 教材结构理解准确（2）			
			3. 对教材有合理的改进（2）			
			4. （话题）问题设计符合学生实际（4）			
	学生与教材的深度对话	5	1. 学生能有效预习，提出质疑（5）			
课始5	情境创设	5	1. 情境创设简约有趣，激发对话欲望（3）			
			2. 话题的设置具有开放性（2）			

续表1-3

课中 65	师生深度对话	40	1. 给予学生充分的自主学习时间（5）		
			2. 对话面广，兼顾学生的修改与差异（10）		
			3. 话题启发性强，聚焦学生的学科思维，激发学生的思维培养（10）		
			4. 体现对话交流的层次性、整体性（5）		
			5. 教师推进对话深度的方法灵活，善于捕捉对话中思维的创新点等（10）		
	生生深度对话	20	1. 积极地与同学交流（5）		
			2. 小组合作讨论有序有效（5）		
			3. 对话展开过程中有相互补充型、反驳型对话（10）		
	多维对话	5	1. 在师生、生生对话基础上，引领学生进行多维的对话交流，如人机对话等（5）		
课末 5	评价生疑	5	1. 学生能反思自己课堂学习过程中的优点与不足（2）		
			2. 学生能恰当地评价同学的学习表现（3）		
课后 10	学生深度学习发展水平	10	1. 学生兴趣强烈（2）		
			2. 学生情感体验深刻（2）		
			3. 学生思维活跃而理性（2）		
			4. 学生掌握了该学科在本课中的思想方法（2）		
			5. 表达交流能力、问题解决能力、逻辑思维能力有提升（2）		

3. 学生发展的评价

综合素质的全面发展是大综合育人活动的核心目标，大综合育人活动的实施效果直接体现在学生的发展中，强调学习评价是内在于学习活动和学习过程的，而不是在学习结束后对学习效果的检测和价值判断。在促进学生高阶思维发展的大综合育人活动中，为了更好地评价学生在学习过程中的能力发展，我们采用过程性评价与终结性评价多元结合的方式，对学生的认知活动与思维过程进行评价。

在大综合育人活动过程中，我们结合教学目标对评价的内容进行合理的划分，分为若干个能够客观反映学生学习过程和结果的重要维度，细化多个可以观测的行为指标，再为每个维度或行为指标制定若干个等级水平。以科学的评价量表提高学生的学习积极性，使学生更深入地把握评价的内容，在学习过程中有意识地根据评价量表来反思自己的学习，从而促进其学习的进步。大综合育人活动评价量表关注学生在学习活动中的问题分析能力，信息收集、分析能力，知识运用能力等的发展，如表1-4所示。

表1-4 学生发展观察量表

同学你好！请选择最符合实际情况的表述，在对应的"自我评价"方框内填写分值，最后将各项分值相加并填入"实际得分"一栏，谢谢你的合作！				
项目名称			评价时间	
评价内容	分值	具体内容		自我评价
问题分析能力	10	能迅速抓住所要解决问题的关键，较全面地分析细化问题		
	7	抓住了问题的本质，但分析问题不够全面		
	4	看见问题有一种无从下手的感觉		
	1	完全不知道问题在哪里		
信息收集能力	10	按照小组规划从指定渠道获取信息并正确标明信息出处，所收集信息与主题相关		
	7	按照小组规划从指定渠道获取信息，所收集信息与主题有关，但未标明资料来源		
	4	查阅并记录很多信息，但所收集信息和主题部分有关		
	1	随意在网上收集了一些，但极少与主题相关		
信息分析能力	10	对所收集信息进行自主分析、筛选归类、头脑风暴，得出正确结论		
	7	对所收集信息进行分析归纳，在教师的帮助下得出了正确结论		
	4	在教师的指导下进行信息分析并得出了正确结论		
	1	只是复述了所收集的信息，没有提出自己的见解		

	10	能将自己原有的知识体系和新掌握的信息进行结合来解释实际问题	
知识运用能力	7	能把多方面的学科知识进行联系来说明实际问题	
	4	能用一些常识、概念和科学原理来解释相关现象并能回答一些实际问题	
	1	不能运用相关学科的知识来处理实际问题	
问题解决能力	10	对学习中遇到的问题能做出及时的判断、分析并提出有效的解决办法，能主动帮助他人解决问题	
	7	能对出现的问题做出分析并提出解决的办法	
	4	能对出现的问题提出一定的解决办法，但是需要他人的指导	
	1	在别人的帮助下才能解决所遇到的问题	
方案设计能力	10	设计出两个以上问题解决方案，其中之一被确定为最优方案	
	7	设计出一套行之有效的解决方案	
	4	设计出一套解决方案，但仅供参考，无法落实	
	1	没有提出可行或可供参考的方案	
实践动手能力	10	积极动手，能主动通过多学科的实践和模型制作进行问题探究	
	7	主动参与课程所涉及的多学科的实践并尝试制作模型进行测试	
	4	配合课程和项目要求进行一定的动手操作和尝试	
	1	不喜欢动手和实际操作	
合作学习能力	10	能够与组内成员友好合作；积极参与小组讨论并能提出实质性建议；能够相互提供直接或间接有效的协助；与小组成员共享信息，共同完成任务	
	7	能与小组成员共享信息；与组内成员友好合作；积极参与小组讨论并能提出一些可供参考的意见	
	4	能与他人共享信息，在任务完成中起比较小的作用	
	1	经常因为观点不一致与小组成员产生争执，无法合作	

续表1－4

自主学习能力	10	能独立完成所承担的全部个人和小组任务，能独立依据所查找信息分析解决问题，设计问题解决方案	
	7	能独立完成所承担的大部分个人和小组任务，能独立依据所查找信息分析解决问题，提出方案设计意见	
	4	基本上能独立完成任务、分析解决问题，对小组成果提供较少的意见	
	1	不能独立完成所承担的任务，对问题解决、小组成果没有见解	
创新创意能力	10	能在对收集的信息进行分析的基础上衍生出新的信息；提出多种问题解决方案；所设计的方案标新立异且行之有效；能将探讨的问题与生活实际相联系并有一定创意	
	7	能把收集的信息为我所用；提出不止一种解决方案，但缺少创（新）意；理论与实际联系较少	
	4	能生成新的信息；只提出一种方案；缺乏理论联系实际的能力	
	1	只能按部就班地完成自己所分配的任务	
总分值	100		
实际得分			
学生姓名			
小组评价			

第二章　高阶思维的实践导向

一、高阶思维的兴起：前端性的认识

高阶思维为什么在国际上强势兴起，成为教育教学改革的实践导向？高阶思维绝对不是空穴来风，而是有着深刻的社会动因、理论根据和现实意义。

（一）培养高阶思维是人工智能时代的应然之义

20 世纪下半叶以来，快速更新的信息技术强有力地冲击和重塑着人类社会的传统结构和秩序。① 在可预见的未来，人工智能技术将掀起一场影响更为深远的"第四次科技革命"，也就意味着无须深度思考、仅需要浅层的操作技能的职业领域将会被人工智能所取代。如果学校教育依旧聚焦表层知识与技能的传递，那么培养出来的人将与二流计算机无异。在这种严峻的形势下，教育必须面向未来，培养学生的高阶思维能力。

（二）高阶思维集中体现了信息时代对人才素养提出的新要求

21 世纪以来，世界范围内掀起了席卷全球的 21 世纪技能热潮。不同的国

---

① 彭正梅，伍绍杨，邓莉. 如何培养高阶能力——哈蒂"可见的学习"的视角 [J]. 教育研究，2019，40（05）：76－85.

家和国际组织都不约而同地出台了聚焦 21 世纪技能的教育报告和素养框架，尽管它们在表述上有所差异，但它们都无一例外地将高阶思维置于核心位置。这场改革运动也从重视基础教育中的最基本要素——"读""写""算"的"3R"（Reading，wRiting，aRithmetic）时代走向"关爱""关切"和"关联"（Care、Concern、Connection）的"3C"时代①、"4C"时代（Collaboration、Communication、Creativity、Critical thinking)②、"5C"时代（Cultural competency、Critical thinking、Creativity、Communication、Collaboration)③。

此外，2016 年，北京师范大学核心素养课题组颁布的《中国学生发展核心素养》总体框架中提出了以培养"全面发展的人"为核心，并分为文化基础、自主发展、社会参与三个方面，综合表现为人文底蕴、科学精神、学会学习、健康生活、责任担当、实践创新六大素养。④ 其中，理性思维、批判质疑、勇于探究等高阶思维是核心素养的关键，如何在课堂教学中培养学生的高阶思维成为基础教育课堂教学改革的重点。

（三）课堂教学在培育学生思维中的现实困境

回到课堂实践中，我们不难发现当前我国新课程改革对学生思维能力的关注与课堂教学中思维培养的弱化相矛盾。当前的课堂学习普遍在低阶水平循环，具体体现在三个方面：一是专注于事实性知识、概念性知识的浅层理解与简单运用，弱化了知识背后蕴含的方法、思想、价值等，即弱化了方法性知识、思想性知识及元认知知识等；二是课堂教学大多奉行的是以知识为主线的教学模式，较少让学生在问题解决中开展学习，导致学生难以有深切的体验、深入的思考；三是学生的学习结果普遍低阶，具体来说，学生难以获得深透的理解、难以进行实践创生。

---

① 余文森. 个体知识与公共知识课程变革的知识基础研究［M］. 北京：教育科学出版社，2010.
② 张华. 论核心素养的内涵［J］. 全球教育展望，2016，45（4）：10－24.
③ 北京师范大学核心素养项目组. 北师大发布核心素养 5C 模型首提文化理解与传承素养［EB/OL］.［2018－04－10］. http://edu. china. com. cn/2018－03/30/content_50776631. htm.
④ 林崇德. 21 世纪学生核心素养研究［M］. 北京：北京师范大学出版社，2016：9.

二、高阶思维的本质内涵

如何培养高阶思维？高阶思维究竟高在哪里？高阶思维有哪些类型？只有厘清这些问题，才能在实践中更好地培养高阶思维。

（一）高阶思维的内涵

高阶思维究竟是什么？这是培养高阶思维的根本问题。我们将在已有观点的基础上，回到高阶思维的源头、回到课堂学习中的根本问题、回到"高阶"二字的词源，对高阶思维的本质内涵进行探讨。

1. 争论：高阶思维的三种观点

高阶思维（Higher-order thinking）究竟是什么？目前学界对其的界定尚未达成一致的认识。梳理国内外学者的观点，大致可以归纳为三种代表性观点：认知水平说、过程说和综合能力说。

观点一：认知水平说

这种观点认为高阶思维是一种复杂程度较高的认知水平。国内外大多数学者都持有这种观点，其代表人物有布卢姆、安德森、钟志贤等。其中，布卢姆针对学生的心智活动和思维方面的行为提出了逐步递进的台阶型分类框架——知识（回忆）、领会、运用、分析、综合和评价六个层次认知水平[①]，并在此基础上将高阶思维定义为分析、综合与评价。2001 年，安德森与他的团队对布卢姆认知领域的目标做了修订，并将体系扩展为由知识维度和认知过程维度构成的二维矩阵（见表 2—1）。其中，认知水平修订为记忆、理解、运用、分析、评价和创造[②]，并将分析、评价和创造界定为高阶思维，将记忆、理解与运用划分为低阶思维。国内外学者对这个定义持有较高的认同度。此外，钟志贤基于布卢姆的教育目标分类明确提出，"高阶思维是发生在较高认识水平层

---

① 布卢姆. 教育目标分类学（第 1 分册）：认知领域 [M]. 罗黎辉，译. 上海：华东师范大学出版社，1986：14 – 190.

② 安德森. 学习、教学和评估的分类学（布卢姆目标分类学修订版）[M]. 皮连生，译. 上海：华东师范大学出版社，2008：5.

次上的心智活动或较高层次的认知能力"①。

表 2-1　教育目标分类表②

知识维度	认知过程维度					
	1. 记忆	2. 理解	3. 运用	4. 分析	5. 评价	6. 创造
A. 事实性知识						
B. 概念性知识						
C. 程序性知识						
D. 元认知知识						

观点二：过程说

这种观点认为高阶思维是一种完成复杂任务、解决劣构问题的过程。这种观点的代表人物是杜威、李维斯和史密斯等。其中，杜威认为高阶思维就是"反思—问题生成—探究批判—问题解决"的过程。③ 李维斯和史密斯认为高阶思维能力是指人将信息和记忆中储存的信息相互关联起来并对其进行重新组织，以达到一定的目的，或在一个复杂情境中找到可能的答案的过程。④ 董安美、庄绍勇等提出，高阶思维是学生在解决复杂问题、获得高阶知识的过程。⑤

观点三：综合能力说

这种观点认为高阶思维是一种综合能力，包括问题解决能力、创新能力、创造力等。如香港《课程纲要》（1999）里提到，五项基本的高层次思维能力分别是解决问题能力、探究能力、推理能力、传意能力和构思能力。⑥ 秦玥提出高阶思维是高阶能力的核心，包含了问题解决能力、决策力和批判思维能力等。任佯交提出高阶思维是分析思维能力、综合应用思维能力、科学合理评价

① 钟志贤. 促进学习者高阶思维发展的教学设计假设［J］. 电化教育研究，2004（12）：21－28.

② 安德森. 学习、教学和评估的分类学（布卢姆目标分类学修订版）［M］. 皮连生，译. 上海：华东师范大学出版社，2008：25.

③ 杜威. 我们如何思维（汉英双语版）［M］. 北京：中国轻工业出版社，2017.

④ 杨翊，赵婷婷. 中国大学生高阶思维能力测试蓝图的构建［J］. 清华大学教育研究，2018，39（05）：59－67.

⑤ 董安美，庄绍勇，尚俊杰. 学生高阶思维在翻转课堂的课堂互动中的发生路径［J］. 现代教育技术，2019，29（02）：46－51.

⑥ 钟志贤. 教学设计的宗旨：促进学习者高阶能力发展［J］. 电化教育研究，2004（11）：13－19.

思维能力以及创造性思维能力的发展。[①]

2. 澄清：高阶思维内涵本质的分析路径

学者们从不同的角度对高阶思维进行了界定。那么，高阶思维究竟是什么？我们认为应从三个方法路径展开。

一是回到高阶思维的源头上去。高阶思维是 20 世纪 80 年代美国针对学生学习质量普遍低阶的问题，提出了思维教学的重要性。如美国教育委员会提出"应用""分析""综合""评价""批判思考""合作""创造思考""问题解决""决策"及"沟通"为明日之基础。[②] 其中，将"观察力、理解力、交流和表达能力，提出问题和解决问题的能力，灵活运用知识的能力"作为学生学习质量考察的内容之一。[③] 再如《国家在危急中——教育改革势在必行》这样高影响力的报告也指出，高层次思维的缺陷是美国教育的主要弱点等。

二是回到"高阶"两个字上去。也就是追问：高阶思维究竟"高"在哪里？与低阶思维的区别究竟在哪里？笔者认为主要从思维的载体、过程与结果三个方面来进行划分。其中，低阶思维的思维载体主要是以事实性知识、概念性知识为主，高阶思维的载体是高阶知识，如程序性知识、元认知知识等。思维过程主要是指所涉及的认知水平，低阶思维主要聚焦在记忆、理解与运用；高阶思维主要是指分析、评价与创造。在结果方面，低阶思维往往停留在简单的背诵记忆、迁移运用；而高阶思维更强调渗透理解与实践创生。

三是回到课堂实践中的问题来，即当前学生学习结果仍然普遍停留在低阶水平。如前文所述，当前我国新课程改革对学生思维能力的关注与课堂教学中思维培养的弱化相矛盾。培养学生的高阶思维能力刻不容缓。

3. 界定：高阶思维的内涵究竟是什么

综上所述，我们将高阶思维界定为：高阶思维是围绕解决真实的、复杂的问题为核心，以高阶知识为基础的高认知水平。其中，高阶知识是指方法性知识、思想性知识、价值性知识与元认知知识，高认知水平是指分析、评价与创造。

---

① 任侾交. 新课程理念下培养学生高阶思维能力的实践研究［J］. 中国教育学刊，2020（S1）：64－65.

② 转引自 Bullard, Ruth K. Developing higher order thinking in the content areas K－12［M］. Critical Thinking Books&Software, 1993.

③ 汪茂华. 高阶思维能力评价研究［D］. 上海：华东师范大学，2018.

（二）高阶思维的特征

高阶思维的特征是什么？也就是说，高阶思维究竟高在哪里？其实质就是在追问高阶思维与低阶思维的区别究竟是什么？斯腾伯格从功能、形式、层次、范围和倾向五个方面提出了 13 种思维方式，其中具有"认知复杂性、低规范度、无明显结构性"特征的思维方式被称为高阶思维，而具有"认知简单性、高规范度、高结构性"特征的思维方式被称为低阶思维（见表 2-2）。[1] 纽曼定义了高阶思维与低阶思维的区别，指出低阶思维只要求日常或者机械地运用先前获得的信息，而高阶思维要求学生对信息进行解释、分析和运用。[2] 瑞斯尼克[3]等从高阶思维本身外显的特点来概括其本质特征（见表 2-3）。

表 2-2　高阶思维与低阶思维的区别

维度 思维类型	认知水平	规范度	结构性
低阶思维	认知简单	高	高结构性
高阶思维	认知复杂	低	无明显结构性

表 2-3　高阶思维的特征

高阶思维的特征	具体描述
高阶思维是非算法的	行动的路径没有事先指定
高阶思维往往是复杂的	从任何一个有利的角度来看，整个路径都不是"可见的"（从心理上说）
高阶思维通常会产生多个解决方案	即没有唯一的解决方法，且每个方案都有成本和收益
高阶思维涉及多种标准的应用	这些标准有时会相互冲突
高阶思维通常涉及不确定性	即并非所有与当前任务有关的事情都是已知的

　　① 宋宇，郝天永，刘葵. 学习分析视角下培养高阶思维的课堂互动研究［J］. 现代教育技术，2020，30（07）：50-57.

　　② Newman F M. Higher order thinking in teaching social studies：A rationale for the assessment of classroom thoughtfulness［J］. Journal of Curriculum Studies，1990（22）：44.

　　③ Division of Behavioral and Social Sciences and Education and Commission on Behavioral and Social Sciences and Education and Committee on Research in Mathematics，Science，and Technology Education. Education and Learning to Think［M］. Washington，D. C. US：National Academies Press，1987.

续表2-3

高阶思维的特征	具体描述
高阶思维涉及思维过程的自我调节	当别人在每一步都"发号施令"时，我们并不认为个体具有更高层次的思维
更高层次的思维包括加强意义	即明显的混乱中寻找结构
高阶思维需要意义建构	即在进行各种必要的阐述和判断时，需要大量的脑力劳动

综上所述，在课堂实践中，我们认为高阶思维与低阶思维的特征可以从思维的载体、过程和结果三个维度来进行比较（见表2-4）。

表2-4　高阶思维与低阶思维的区别

维度 / 思维水平	思维的载体	思维的过程	思维的结果
高阶思维	以方法性知识、思想性知识、元认知知识为主	分析、评价及创造，指向问题的解决	实践与创新
低阶思维	以事实性知识、概念性知识为主	记忆、理解及运用，指向知识的学习	简单的理解与迁移运用

关于思维的载体，低阶思维专注于事实性知识与概念性知识的简单记忆与理解，高阶思维则更强调深究表层知识背后的更深层次的知识，即方法性知识、思想性知识与元认知知识。思维的过程主要体现在两个方面：一是在认知水平方面，低阶思维以记忆、理解与运用为主；高阶思维以分析、评价和创造为主。二是学习方式方面，低阶思维是主要以知识为主线的学习，高阶思维指向问题解决的学习。在思考的结果层面，低阶思维往往停留在理解与简单的运用，而高阶思维能渗透理解，能实践创新。

此外，我们要说明的是低阶思维与高阶思维并不是二元对立的，并不代表将思维分成截然不同的两个部分。思维水平本是一个整体的原物。[①] 李维斯和史密斯指出不同层次的思维对于学生来说都同等重要，学生需要低阶思维来处理信息，对信息进行常规化、机械化的应用；也需要运用高阶思维去解决复杂的问题，将新旧知识建立联系，在复杂的情境中通过同化或顺应这些知识来寻

---

① 张沿沿，冯友梅，顾建军，等. 从知识结构与思维结构看思维评价——基于皮亚杰发生认识论知识观的演绎 [J]. 电化教育研究，2020，41（06）：33-38.

找解决的途径和问题的答案。①

（三）高阶思维的类型

高阶思维的类型有哪些？近年来，教育领域中涌现了反思思维、创新思维、概括思维等热门概念，这些概念的实质究竟是什么？它们与高阶思维之间的关系究竟是什么？巴特勒、钟志贤等学者明确指出这些思维皆是高阶思维的子思维类型。② 这有何依据？加洛蒂等以认知心理学为基础，提出不同的思维类型源于不同认知过程的组合，类型相近的思维实际上来源于同一些认知过程的不同组合。③ 例如，2019 年，OECD 教育研究和创新中心（OECD Center for Educational Research and Innovation）指出，创造力与批判思维既有联系也有区别。④ 其联系体现在它们都包含一些相同的认知能力；其不同源于创造力与批判思维对认知能力的侧重各有不同，如创造力更侧重于想象，而批判思维则突出探究。⑤ 此外，法西恩等提出，批判思维是"有目的、自律性的判断，通过这种判断得到针对它所依据的那些证据性、观念性、方法性、标准性或情境性的思考的阐释、分析、评估、推导以及解释等"。换言之，批判思维一般涉及阐释、分析、评估、推论等认知水平，但着重强调思维的批判性，即倡导学习者要用审视、批判的眼光接收信息。拉吉波认为，分析思维是指人们对事物进行分析、推理并对所遇见的问题提出合乎逻辑的结论或解决方法的能力。⑥ 创新思维一般涉及分析、关联、建构、假设、设计、开发、评估等认知水平，但主要突出思维的发散与聚合。⑦

从这些定义可以看出，批判思维、分析思维、反思思维等思维主要由分

① Lewis A，Smith D．Defining higher order thinking [J]．Theory into Practice，1993，32（3）：131－137．

② 杨翼，赵婷婷．中国大学生高阶思维能力测试蓝图的构建 [J]．清华大学教育研究，2018，39（05）：54－62．

③ 加洛蒂．认知心理学 [M]．吴国宏，译．北京：机械工业出版社，2016：267．

④ 李谦．面向全体学生的创造力和批判性思维教学——OECD《培养学生的创造力和批判性思维》概述 [J]．上海教育科研，2020（03）：51－55．

⑤ OECD．Fostering Students' Creativity and Thinking：What It Means in School [EB/OL]．（2019－10－24）[2019－12－08]．https://doi.org/10.1787/62212c37－en．

⑥ Facione P A．Critical thinking：A Statement of Expert Consensns for Purposes of Educational Assessment and Instruction．Research Findings and Recommendations [J]．Eric Document Reproduction Service，1990．

⑦ 张晓君，丁雪梅，金祥雷，等．"牧草生产学"综合性实验对本科生高阶思维能力的培养 [J]．黑龙江畜牧兽医，2020（18）：145－150．

析、推理、评价等复杂程度较高的认知水平组成，它们之间的差异在于这些认知过程的不同组合。换言之，反思思维、批判思维、创新思维等都属于高阶思维的思维类型。基于此，本研究将高阶思维的类型大致归纳为抽象与概括思维、反思与批判思维、整体与辩证思维和实践与创新思维四组思维。

三、高阶思维的培养策略

尽管培养高阶思维成为一个普遍共识，但在实践中究竟要如何培养高阶思维？我们认为应该从教学设计、课堂互动、作业设计三个维度来系统地培养学生的高阶思维。

（一）备课端：凸显高阶思维的教学设计

如何将培养高阶思维从"暗箱操作"转向清晰、有迹可循的培养过程？彰明较著，在教学设计中应以目标为核心点，以层层递进、环环相扣的问题群为落脚点来培养高阶思维。

1. 以表述思维水平的动词来描述目标

不同的高阶思维类型需要学生表现出不同的思维特质。如何让学生表现出这些高阶思维特质？如何让教师清晰地知道学生发展了这些高阶思维？行之有效的路径是：运用表述思维水平的相关动词来描述教学目标（或称为活动目标），以思维目标来引领学生的高阶思维发展。这里的思维动词可以借鉴安德森及其团队的认知过程维度分类表（见表2-5）。

表2-5　认知过程维度分类表①

类别	相关词	
记忆	识别	辨别
	回忆	提取

---

① 安德森. 学习、教学和评估的分类学（布卢姆目标分类学修订版）[M]. 皮连生，译. 上海：华东师范大学出版社，2008：27－29.

续表2-5

类别		相关词
理解	解释	澄清、释义、描述、转化
	举例	示例、实例化
	分类	归类、归入
	总结	概括、归纳
	推断	断定、外推、内推、预测
	比较	对比、对应、配对
	说明	建模
运用	执行	实行
	实施	使用、应用
分析	区别	辨别、区分、聚焦、选择
	组织	发现连贯性、整合、概述、分解、构成
	归因	解构
评价	检查	协调、查明、监控、检验
	评论	判断
创造	产生	假设
	计划	设计
	生成	建构

　　具体来说，聚焦高阶思维的教学目标要结合该节课指向的核心素养、高阶思维两个层面，从"KUDB"四个维度来对教学目标进行具体的、详细的描述。此外，强调以表述思维水平的动词来表述具体表现（见表2-6）。

表2-6　聚焦高阶思维的教学目标

核心素养		
指向的高阶思维	教学目标	
	维度	具体表现
	Know（知道什么）	
	Understand（理解什么）	
	Do（能做什么）	
	Be（应该成为什么）	

以科学中的《茎的结构与功能》为例，其教学目标如表 2-7 所示。

表 2-7　《茎的结构与功能》的教学目标

核心素养	科学观念与科学思维	
指向的高阶思维	教学目标	
分析性思维、整合思维	维度	具体表现
	Know（知道什么）	通过观察康乃馨的茎插入红墨水中后花瓣的变化，说出茎具有运输水分和养料的作用；通过观察茎的纵切面和横切面，说出茎内部输水通道的位置
	Understand（理解什么）	发现茎的内部结构与功能之间的关联
	Do（能做什么）	能依据事实进行推断；能连贯信息进行分析
	Be（应该成为什么）	具有耐心、细致的态度和用证据说话的意识

2. 以层层递进的问题群来促进学生思维进阶

聚焦高阶思维的问题群设计的实质是让学生在问题的分析、探究与解决中学习。学生在高质量的问题群中有效地沟通知识与事物的联系、知识与知识的联系、知识与行动的联系、行动与自我的联系以及事物与自我的联系，从而培养学生的高阶思维。

从知识论的视域来看，任何知识都是存在于一定的时间、空间、理论范式、价值体系、语言符号等情境因素之中；任何知识的意义都不仅是由其本身的陈述形式来给定的，而且更是由其所位于的整个意义系统来赋予的；离开了这种特定的境域或意义系统，既不存在任何的知识，也不存在任何的认识者和认识行为。[①] 如果将知识从特定的社会和文化情境中强制性地剥离出来，那么学生的知识学习就必然变成形式化学习和抽象化学习。知识的形式化学习和抽象化学习斩断了知识与事物的现实联系，破坏了知识与情境的关联，由此破坏了深度建构知识和核心素养转化生成的通道。

更进一步讲，高阶思维作为能够应对复杂情境的一种思维能力，其发生与实现恰恰根植于知识的实践脉络中。实际上，知识不仅来源于实践，而且本身就是我们生存实践的一种方式。如果知识教学硬要强行割裂知识与实践的这种因缘与意蕴联系，仅仅将知识从实践脉络中抽离出来，作为一种抽象的表象或

---

① 石中英. 知识性质的转变与教育改革［J］. 清华大学教育研究，2001（2）：32.

符号加以传递，那么，知识就不可能与学生的生活世界真正相遇。在这里，学生获得的只能是形式上的表层化理解，所获得的知识自然难以成为学生建构知识、解决问题和自我创造的资源和工具，因此也难以发展出学生的核心素养。面对核心素养教育的时代诉求，培养高阶思维必须让学生在问题解决中学习（见表2-8）。

表2-8　聚焦高阶思维的问题群及任务设计

教学设计过程	问题设计	具体任务
核心过程	子问题1:	
	子问题2:	
	子问题3:	
	子问题4:	

（1）凸显问题的层次递进性，聚焦思维水平的不断进阶。

问题设计要聚焦学生认识水平的不断进阶，从低阶思维循环（记忆、理解及运用）走向高阶思维的培养（分析、评价与创造），设计层层递进、环环相扣的子问题群，让学生在子问题群中不断提升知识建构能力及问题解决能力。

（2）强调任务整合化，促动知识结构化。

在任务设计中，需要把零散、孤立的事实性知识归纳为可迁移运用的结构化概念性知识。促进新旧知识融合，形成新的知识结构，促动知识结构化，促进学生高阶思维的发展。

（二）聚焦高阶思维的课堂深度对话策略

21世纪以来，学习科学领域的关注点转向现实社会情境中具体复杂任务的设计，研究者们也越来越关注自然状态下学生的学习是如何发生的。特别是课堂互动中学生高阶思维发展的问题。

课堂学习中的对话有其自身的特殊性，它是以知识文本（教材）为交往媒介，以促进学生发展为目的的交往活动。但目前教师对教材的理解和实际的教学内容大多停留在学科本质和知识内核之外，主要表现在重"双基"，忽略学科思想与方法；重"重难点"，忽略内在关系和整体结构；重"知道和运用"，忽略实践和创新。而学科思想方法、知识整体结构、实践与创新正是深度对话的实质所在。即高质量的对话、深度对话对于发展学生批判性思维、创新性思维等高阶思维有促进作用，并有利于提升学生的认知能力和综合素养。[①]

1. 搭建对话框架，促进高阶思维发展

课堂对话如何走向深度？如何促进高阶思维的发展？为解决以上问题，我们提出深度对话的教学模式。主要包括两个方面：一是包括联系、建构、反思和延续四个基本流程；二是包括生成主题、多重对话、视域融合三个板块。其中，生成主题是整个对话过程展开的基点，是教师学生共构话题的一个过程；多重对话是深度对话中需要建立起问答、讨论、辩论、演讲、分享、扮演、访谈等多种对话形式，通过对话的基本方式展开，学生在对话中促进其认知结构的发展，加深问题的理解；视域融合是指通过课堂中的多向交流和多重对话达到师生视角的统整进而达成共识，最终促进自我理解。

2. 转变对话观念，重塑教师角色认知

指向高阶思维发展的课堂互动需要一种动态的教师角色，教师应认识到自己的角色并不是一成不变的，师生问答互动的角色可以相互转化。[②] 2016 年，哈蒂在对影响学业成就的因素的综合分析中得出，教师的效应量是最高的，达到 0.90。[③] 为了促进学生高阶思维的发展，需要教师转变传统互动的观念，重塑教师作为学生学习催化者，课堂文化构建者、合作者的角色。教师应认识到自己不是提问和理答的权威和主导者，而是促进学生深度对话的支持者和辅助者，帮助学生更好地激活前概念知识，通过有效的深度对话促进学生的知识建构和概念转变，更好地激活学生的高阶思维。教师应充分认识到学生的主体地位和思维过程，学生同样拥有引发问题的权利，同伴也可以相互进行反馈评价，教师和同伴反馈的落脚点是为了引发学生个体的自我认识与评价。对话主体只有不断由单一走向多元，对话结构才能不断走向丰富，学生的思维才能得到发展，元认知水平和自我监控能力才能不断提升，深度对话才能实现发展学生高阶思维的这一目标。

3. 聚焦对话瓶颈，以追问促对话深度

我们从语数学科大量课例研究中，提炼出对话推进中教师精妙追问的策略（见表 2-9），以使学生的思维向深层推进。

① 宋宇，郝天永，刘葵. 学习分析视角下培养高阶思维的课堂互动研究 [J]. 现代教育技术，2020，30（07）：50-57.

② 张光陆. 促进深度学习的师生话语互动：特征与提升对策 [J]. 全球教育展望，2020（10）：27-38.

③ 彭正梅，伍绍杨，邓莉. 如何培养高阶能力——哈蒂"可见的学习"的视角 [J]. 教育研究，2019（05）：76-85.

表 2-9　聚焦高阶思维的语文学科追问策略

理解的维度	课型	思维	追问的策略
解释 释译 运用 洞察 移情 自识	阅读 理解课	判断 推理	1. 顺水推舟式追问，加强判断能力 比如，对于作者的想法，你有什么看法？你为什么这样认为？我们遇到这样的问题，应该怎么做？ 2. 聚焦矛盾式追问，提高推理能力 比如，你们有不同的观点吗？说说你的观点，在文中找出你的依据
	诗词 教学课	比较 分类	1. 瞻前顾后式追问，加强比较能力 比如，这两首诗有何异同？（横向比较）同一个诗人，不同时期的诗歌所表达的情感有何不同？（纵向比较） 2. 分门别类式追问，提高分类的能力 比如，你认为哪些应该归为一类？为什么这样分类？
	练习 讲评课	概括 归纳	1. 启发式追问，加强概括能力 比如，是什么？你从哪里看出来的？用一个词（一句话）概括。 2. 桥梁架设式追问，提高归纳能力 比如，是什么？你怎么发现的？有什么作用？
	习作 指导课	联想 想象	1. 情景创设式追问，提高学生的联想能力 比如，图片（视频）中让你感受最深的是什么？你生活中有类似的经历吗？你当时是怎么做的？假如你置身文本描写的现场，你会有什么感受？ 2. 激励启智式追问，提高学生的想象能力 比如，这是怎样的画面？你仿佛看到了什么？听到了什么？如果是你，你会怎么做？

4. 聚焦教师理答，促进学生认知进阶

在课堂对话中，教师的评价环节是培养学生高阶思维的重要环节。在指向高阶思维发展的课堂中，教师应根据学生思维进阶的方向，对学生记忆性、理解性、运用性、分析性、评价性和创新问题等进行描述性和发展性的评价，让学生的思维在不断的碰撞中促进思维的进阶。

此外，在指向高阶思维的课堂评价中，描述性评价比判断性评价更能促进学生高阶思维的发展。当小学生在开始学习新的内容时，往往需要进行较为复杂的思维过程才能将知识同化，建构新的理解。在这个过程中，学生需要获取具体详细的信息反馈，帮助学生转变自己的错误理解。因此，教师应综合使用判断性、描述性和发展性的评价方式。首先，通过对学生回答的对错进行判断，及时矫正学生的认知偏差；其次，结合具体的描述性反馈帮助学生理解和分析自己的答案，从而实现知识的内化和建构，为高阶思维的发展奠定基础。

（三）聚焦高阶思维的作业设计

作业作为教学工作的重要组成部分，是实现课程目标的关键因素。它不仅直接影响着学生的学习兴趣、学习效果，而且关系到整个课程改革的成败。[①]作业建设是推动课程改革的突破口，是课堂变革的催化剂。同样，作业设计也是促进学生高阶思维发展的关键因素。

1. 学生分层—作业分层—评价分层三位一体，促进学生思维进阶

首先，以生为本，依据学生的学习风格、学习偏好等个性特征将学生分层。其次，将作业内容划分为"记忆、理解、运用、分析、评价与创造"六个层次水平。同时，各个层次水平的作业需要合理搭配，即划分适宜的比例，从而达到作业分层的最优化。作业不仅要紧扣教材，挖掘文本，设计能有效促进学生回忆、理解与迁移利用的基础性作业，也要设计分析性、评价性与创作性的作业，以促进学生高阶思维的发展。最后，依据目标，针对不同水平的学生以及完成作业的不同水平，制订清晰的层次梯度。以"北师大版语文四年级上册《钓鱼的启示》"为例，该课的教学目标是帮助学生根据人物的角色进行设身处地的思考。基于此，教师设计了两个动力导航，从文中的两个主人公的视角，学生可根据自己的兴趣和经验水平自主选择一位，并融入该主人公的内心世界进行不同的体验（如图 2-1 所示）。

动力导航——儿子	动力导航——父亲
(1) 告诉自己：现在我是詹姆斯！ (2) 自己默读 4～12 段，用喜欢的符号勾画出描写詹姆斯语言和动作的语句，从哪些重点词语中你能体会到他当时的心情，就在词语下画上"△"。（5 分钟） (3) 小组内谈体会，读出感情。（5 分钟）	(1) 告诉自己：现在我是詹姆斯的父亲！ (2) 自己默读 4～12 段，用喜欢的符号勾画出描写父亲语言和动作的语句，从哪些重点词语中你能体会到他当时的心情，就在词语下画上"△"。（5 分钟） (3) 小组内谈体会，读出感情。（5 分钟）

图 2-1　《钓鱼的启示》的动力导航

2. 思维可视化，促进学生思维高阶发展

由于思维是抽象的，摸不着、看不见，故在教学中教师很容易忽视学生的

---

① 程丽萍. 语文课程视野下的作业分层优化设计研究 [J]. 中国教育学刊，2018（S1）：181-184.

思考过程，而简单地强调学生的学习结果。学生的思维究竟如何呈现出来？如何能够被看见、被体会到？如何将思维可视化？在学生作业的右边留白，让学生将解决问题的思考过程写在右边的空白处（见图2-2）。"思考过程"是学生思维外显化、可视化的过程，学生在写思考过程时，不仅可以让学生看到自己的思考过程，还可以对"实体化""直观化""看得见"的思考过程进行再次思考、再次修改；同时，可以让教师也"看得见"学生原本不可见的思维过程，教师也可以在"看得见"的思考过程上对学生进行更为细致、精确的指导，以促进学生高阶思维的发展。

作业天地	思考过程

图2-2　作业设计图

此外，学生在完成学业测试的过程中，将会在草稿纸上写出自己解决问题的思考过程。这个过程就是学生思维可视化的过程，教师将收录学生的草稿纸，对其思考过程进行深度分析，以纠正其在思考中的认知偏差；同时，教师可以根据草稿纸来分析学生思维的发展水平，以推测学生的最近发展区，考量学生思维进阶的下一个水平。

四、聚焦高阶思维的表现性评价准则

传统纸笔测试难以检测学生所有的能力，特别是高阶思维。"表现性评价通常要求学生在某种特定的真实或模拟情境中，运用先前所获得的知识完成某项任务或解决某个问题，以考查学生知识与技能的掌握程度，或者问题解决、交流合作和批判性思维等多种能力的发展状况"[①]。这与高阶思维的要求不谋而合，即表现性评价是高阶思维评价的有效选择。

评价标准不仅是教师评价任务的工具，也是学生自我评价的支架，帮助学生明确需要达到怎样的程度，目前已经达到哪一程度。此外，评分规则必须清

---

① 赵德成，李灵. 新课程实施中的学生评价改革［J］. 中小学管理，2003（06）：4－7.

晰易懂，便于引领和促进学生的学习。

（一）聚焦高阶思维的表现性规则

聚焦高阶思维的表现性规则必须与聚焦高阶思维的表现性目标（或活动目标）、聚焦高阶思维的表现性任务"一以贯之"（见表2-10）。

表 2-10　聚焦高阶思维的表现性评价标准

核心素养				
指向高阶思维	表现性目标		表现性评价	
	维度	具体表现	具体标准	评分
	Know（知道什么）		水平1：	
			水平2：	
			水平3：	
	Understand（理解什么）		水平1：	
			水平2：	
			水平3：	
	Do（能做什么）		水平1：	
			水平2：	
			水平3：	
	Be（应该成为什么）		水平1：	
			水平2：	
			水平3：	

（二）观察评价反馈策略

针对课堂的展开过程是否促进了学生的高阶思维，我们从对话纵深推进过程、对话纵深推进中的教师理答两个方面初步进行了课堂观察（见表2-11）。

表2-11 "深度对话"课堂观察量表

观察维度：学习高阶思维发展水平　　　　　　　　　　研究问题：学生的深度对话

观察维度	观察内容	课堂描述
课前思考	学生在课前做了哪些准备？	
	课前能提出怎样的问题？	
课中思考	有多少学生能参与教师与同学的发言？	
	能坚持多长时间？	
	学习时，学生有哪些辅助行为（记笔记、响应）？	
互相启发	学生互动时状态如何（积极的/被动的）？	
	参与小组讨论的有几人？积极展示的有几人？	
	学生展示的质量（音量、表述、准确度）如何？	
学生自主	各小组自主学习有序吗？	
	学生自主学习的时间、方式（独立思考/同伴对学/查阅资料）、质量如何？	
达成目标	这节课达成什么目标？有多少人达成？目标达成有何依据（观点、板演、作业)？	

　　在大综合育人模式的评价中，我们以课前、课始、课中、课末与课后五个时间维度，搭建了评价的框架，制订了教师课堂教学行为观察量表（见表1-3）。在课后，从学生的兴趣、情感体验等维度对学生的思维发展水平进行课堂观察，对教师促进思维发展的教学行为作出评价反馈。

中篇　实践探索

第三章　跨：促进儿童高阶思维的大综合课程实践探索之一

在本章，我们将呈现大综合育人模式下的实践操作成果。在学科内、学科间以及跨学科三节中，通过教学设计或者项目研究成果的形式体现我校如何开展大综合育人模式的实践研究。

一、学科内的综合实践课程

学科内综合实践学习课程是知识本位的综合实践课程。以大概念为视角分析教学内容是确定大综合实践学习主题的重要环节，其基本思路是：首先，立足于学科整体分析教学内容，提炼具体教学内容背后的大概念；其次，结合学科课程标准的要求和创新思维发展目标，梳理大概念的学习进程及重要节点；再次，以大概念为线索整合促进学生创新思维发展的教学内容，形成有意义关联的结构化知识整体；最后，依据学生的思维水平和发展需要，结合教学内容确定大综合实践学习的主题和学习模式。

学科内综合实践学习，即体现了学科学习方式的变革，同时也整合了真实问题的解决。经过前期的研究和实践，各学科的教师已经将学科内的知识整合研究作为一种常态在课堂教学中进行实践。

在本节中，我们将呈现在大综合育人理念下的教学设计案例。这些案例都是经过团队打磨、专家点评、教师再次调整后形成的，大多已经在市区及教学比赛中荣获了一等奖。每一篇教学设计不仅明确了教学目标、重难点、教学流程等，同时还呈现了大综合育人教学设计的亮点，可供一线教师和教学研究者参考、借鉴以及改进自己相关课例的教学设计。

[教学设计案例1]

成师附小万科分校大综合项目设计（学科内：语文）

设计者：李凝双

一、教学内容

统编版语文教材　三年级上册　八单元　口语交际　《请教》

二、教材简析

单元主题	单元目标	课题	结合学段与单元目标 确定本课时目标
美好的品质	（1）学习带着问题默读，理解课文的意思。 （2）学写一件简单的事	请教	（1）明白请教是解决问题的一种方式，并能就自己不好解决的问题向别人请教。 （2）请教时能找准对象、找准时机、礼貌请教、说清问题，并能在不清楚的地方及时追问。 （3）了解被请教时要以礼相待、耐心帮助

三、学生前端分析

　　学生生活经验：学生时常需要向人请教，也有过请教和被请教的经历，对请教有感性认识。

　　学生学习兴趣：学生有请教的兴趣，也乐于帮助他人。

　　学生学习困难：三年级学生不知道如何进行有效追问。

四、教学设计突破

教学重难点	（1）教学重点：学会有礼貌地请教，并把问题说清楚。 （2）教学难点：能就自己不清楚的地方及时追问
核心问题	如何把问题请教清楚
大综合 设计亮点	（1）"请教"是学生人际交流的真实需求，更是探索和理解外部世界的有效途径。本课引导学生有效深入地向人请教，设计了两大板块：学习请教和实践请教。在学习板块中，课堂设计还原了生活中真实而复杂的情境，引导学生设身处地地综合考量，集体共构出请教的时机、对象、语言。 （2）为突破难点"学习追问"，教师与学生共同进行角色扮演，在问题驱动下，推动学生将问题彻底请教清楚，"追问"则在一步步深入的思考和交际中自然习得。真实生活中，学生也会是被请教者，于是，教师引导学生换位

续表

大综合 设计亮点	思考，体会被请教时，应做到以礼相待、耐心帮助。接下来进入实践环节， 在教材情景中，学生综合运用所学，与同桌合作练习，集体展示评价。最 后，回归学生生活中的真实问题，任意向同学、在场教师及其他人员请教， 让学生充分表达交流，真正解决自己的真实问题。 (3) 在整堂课中，学生自然地融入口语交际磁场，在互动交流中充分表达 自我，习得内化言语内核，在思辨碰撞中提升思维品质，帮助学生提升面 向未来成长和发展的能力与素养

五、教学流程

教学 板块	动力导航 （或学生活动） 设计	教师引导预设	设计意图
一、谈话 导入	思考，交流	在生活中，遇到了自己不好解决的问题，你会怎么办？	直插主题，明白遇到不好解决的问题可以向别人请教
二、学习 请教	看视频，对比、选择	1. 猜一猜：请教对象 (1) 播放视频：胖胖春游忘带水杯，想打电话请妈妈送来，可是不会使用新买的电话手表。于是想向路人请教。 (2) 互动交流：正在打电话的叔叔、上学路上的同学、路过的奶奶，胖胖会向谁请教呢？	对比、思考，明白请教时要找准对象，找准时机
	对比、选择	2. 猜一猜：请教语言 (1) PPT 出示三种请教语言。 (2) 互动交流：胖胖会怎样请教？	对比、思考，明白请教时要有礼貌（有称呼、使用礼貌用语），还要说清问题
	看视频学习	3. 学习请教过程 播放视频，学习请教：胖胖向同学请教，同学帮助了他。电话拨给了妈妈	观看视频，直观感受一次完整规范的请教过程
	表演，学习追问	4. 学习及时追问 (1) 角色表演：胖胖请教又又，再回电话给妈妈。妈妈引导胖胖尝试追问。 (2) 教师点拨：胖胖是怎么请教清楚的？ (3) 小结：追问的三种常用方式	聚焦教学难点，在真实情境中学习追问的几种常见问法

续表

二、学习请教	设身处地思考	5. 了解被请教时的要点 (1) 情境再现：现实生活中，遇到不耐烦、甚至不礼貌的对待，我们该怎么回应？ (2) 引导方法：礼貌回应，离开寻求其他帮助。 (3) 小结：作为被请教者，要以礼相待、耐心帮助	(1) 通过交际的真实情境，明白若请教时遇到不耐烦、不礼貌的对待，如何有礼节地应对。 (2) 换位思考，明白作为被请教者，应以礼相待，耐心帮助
	总结提炼	6. 总结请教和被请教时的要点 (1) 请教时：要找准时机、找准对象、礼貌请教、说清问题、及时追问。 (2) 被请教时：要以礼相待、耐心帮助	做总结，为实践请教做铺垫
三、实践请教	【动力导航1】 (1)议一议：同桌讨论，蓝蓝要向谁请教呢？ (2)用一用：用上今天学到的方法，完成请教。 时间：3分钟 ①同桌合作练习表演。 ②同桌上台展示，通过全班评价发现不足，并再次练习	7. 引导进入教材情境 (1) 出示情境：蓝蓝的邻居小辉借东西不及时归还…… (2) 同桌合作练习请教。 (3) 展示评价：请同桌二人上台展示请教过程，其他学生根据评价表对他们做出评价	(1) 用好教材，练习请教。 (2) 运用评价表，肯定请教过程中的优点，找出不足，并再次练习
	【动力导航2】 (1) 用一用：用上今天学到的方法，选择合适的请教对象，完成请教。 (2)评一评：被请教者请在评价单上为对方评星。 时间：4分钟 ①全班自由请教。 ②上台展示，同学评价	8. 引导进入真实情境 在生活中，每个同学都遇到过自己不好解决的问题吧。现在，就向他人请教吧！ (1) 学生自由请教，教师巡视指导。 (2) 展示交流，评价点拨	回归真实情境，练习请教及被请教
四、总结	总结	作为请教者：不懂就问 作为被请教者：耐心帮助	鼓励学生不懂就问，耐心帮助

[教学设计案例2]

成师附小万科分校大综合项目设计（学科内：数学）

设计者：高大宝

一、教学内容

北师大版数学教材　五年级上册　《数学好玩》单元　第2课时

二、教材简析

单元主题	单元目标	课题	结合学段与单元目标确定本课时目标
数学好玩	（1）通过综合实践课程：《设计秋游方案》《图形中的规律》《尝试与猜测》的设计，学生在学习活动中感受数学在生活中的应用，发展学生的应用意识。 （2）在观察、操作、尝试、交流的学习活动中，发展归纳与概括能力，感受数学文化的魅力，体会"数学好玩"	图形中的规律	（1）经历直观操作、探索的过程，体验发现摆三角形的规律的方法。 （2）能在观察活动中，发现点阵中隐含的规律，体会图形与数的关系。 （3）结合探索、尝试、交流等活动，发展归纳与概括的能力，并感受数学文化

三、学生前端分析

学生生活经验：学生具有丰富的小棒摆图形的操作经验，能够按要求正确摆放、观察、交流发现；学生在之前的学习中，感受了大量的数形结合的案例，如在《字母表示数》《重复的奥妙》的学习中，使用字母来概括图形中的规律；在乘法分配律的学习中，从图形观察的不同角度列出算式，进而研究乘法分配律。

学生学习兴趣：学生乐于动手操作学具，能从操作活动中感受乐趣、发现数学知识；本课中，学生有丰富的观察交流活动，能有效提高学生的课堂参与度，体现学生的主体地位。

学生学习困难：学生能够发现图形中的规律，但多角度观察仍有困难；学生能发现图中的规律，但不容易准确表达；对"数与形"关系的感受和理解，不易深刻。

四、教学设计突破

教学重难点	(1) 操作、观察并探索规律、解释规律。 (2) 归纳、概括图形中的规律并表示规律
核心问题	(1) 摆 10 个三角形需要多少根小棒，观察表中数据、图形，你有什么发现？ (2) 都表示 n 个三角形所需小棒根数，算式却不同，为什么？ (3) 从不同角度观察，能发现哪些新的规律？并表示出来
大综合 设计亮点	(1) "图形中的规律"是北师大版五年级上册"数学好玩"板块的教学内容，作为一节综合实践活动课，本课目标在于让学生经历直观操作、探索的过程，以及观察活动，发现图形、点阵中隐含的规律，体会图形与数的紧密关系，发展归纳与概括的能力，渗透数形结合思想，是对数学学科本质特点——数量关系和空间形式的一次直观的认识。 (2) 本课教学设计着力通过学生的直观操作、观察以及交流来设计综合活动，以便彰显学生主体性。首先，学生经历摆三角形的活动，有利于他们在操作中体会，且更容易发现图形中所蕴含的三角形个数和小棒根数间的规律，尤其是对于中等生和后进生，作用明显。其次，操作活动是学生观察交流的载体，有了摆的过程和摆好的图形呈现，更利于学生相互理解对方所表达的观点，言之有物。最后，操作活动有利于激发学生的学习兴趣，在操作活动中思维得以展开。 (3) 本课设计极为关注数形结合思想方法，体现数学学科性，以期达到学科育人目的。虽然本课是在研究"规律"，但如果只停留在对规律的探索、表达和表示上，我们觉得还不够，我们需要让学生感到图形与数之间的紧密联系，发展数形结合思想，进而初步感受到数学的学科本质——研究数量关系和空间形式的学科。因此，我们加大课堂容量，为学生准备大量的数形结合的例子，让学生充分感受到数形结合的实际意义，加深对学科本质的理解，提升数学学科素养

五、教学流程

教学板块	动力导航 （或学生活动） 设计	教师引导预设	设计意图
一、激趣引入，明确摆法	学生上台摆	(1) 今天的课堂从这个三角形开始，摆一个三角形用了三根小棒，那两个三角形呢？你能摆一摆吗？ (2) 第二种摆法为什么会少一根？	激趣导入，明确摆法，认识公共边
二、动手操作，探究摆三角形中的规律，体验发现规律的方法	小组活动，摆小棒，完成表格中数据的填写；独立观察表格数据和图形，思考、发现规律；小组交流自己的发现。	按照这样的摆法，摆 3 个三角形需要几根小棒？4 个呢？10 个呢？请在小组内完成。 【动力导航】 任务：摆 10 个三角形需要的小棒根数。	

| 二、动手操作，探究摆三角形中的规律，体验发现规律的方法 | 【预设1】每多摆一个三角形就增加2根小棒。摆10个三角形就需要增加9个2，列式为3+9×2。
小棒根数＝3＋（三角形个数－1）×2
小棒根数＝3＋（n－1）×2
【预设2】把每个三角形都看成是2根小棒，再加上第一个三角形漏看的1根小棒，如2个三角形就是2×2+1（板书2×2+1），3个三角形就是2×3+1（板书2×3+1）。
【预设3】把每个三角形都看成是3根拼成的，每多摆一个三角形就算了一条公用边，所以就要减去1根小棒。
①37－3＝34，34÷2＝17，1+17＝18个。
②37－1＝36，36÷2＝18 | （1）根据个人需要可以借助小棒摆一摆、填一填、算一算，解决任务，并填写表格。
（2）仔细观察表中的图形和数据，思考有什么发现。
（3）请在小组内说说自己的发现以及是如何解决这个问题的。
小组汇报：
师：摆10个三角形需要多少根小棒？你是怎么想的？
追问1：你明白他的想法吗？请你结合三角形说一说算式中3、9、2分别表示什么意思？
小结1：刚才两位同学把第一个三角形看成3根，其他三角形都看成2根，还有其他观察角度吗？
追问2：你明白他的想法吗？请你结合三角形说一说？
小结2：他是把第1根单独看，每个三角形都看成2根，还可以怎么看？
小结3：全都看成3根，减去多看的。
追问3：都在表示n个三角形所需小棒根数，这几个表达式看上去却不一样，为什么？
$2n+1$　$3+2$（$n-1$）
$3n-$（$n-1$）
小结4：刚才我们从不同的角度观察，发现了不同的规律，并用不同的算式将规律表达了出来（边摆边板书）。
（4）能用刚才的发现，解决下面的这个问题吗？
笑笑接着摆下去，一共用了37根小棒，你知道她摆了多少个三角形吗？今天我们通过摆三角形，研究了"图形中的规律"（板书课题） | |

三、观察交流，发现点阵中的规律，感受数形结合思想	我发现它们的点子数可以用算式 $1×1$、$2×2$、$3×3$、$4×4$ 来表示；横着看，每行有 2 个，有 2 行，所以有 $2×2$ 个点子。 【方法 1】（拐弯划分）第一个点阵用 1 表示，第二个点阵就是 $1+3=4$，第三个点阵就是 $1+3+5=9$，第四个点阵就是 $1+3+5+7=16$。 【方法 2】我是用斜线划分的，第一个点阵还是 1 个点子，第二个点阵就是 $1+2+1=4$，第三个点阵 $1+2+3+2+1=9$，第四个点阵 $1+2+3+4+3+2+1=16$。 观察角度不同，规律不同，算式不同	其实 2000 多年前，古希腊数学家就利用图形来研究数。他们是怎么研究的呢？一起来看一看。他们用到了这组点阵图。快速说一说，每个点阵中的点子数，你是怎么看的？ 还可以从其他角度观察吗？请看要求： （1）同一个点子图，你们和古希腊数学家一样，写出了不同算式，请仔细观察一下这些图和算式，有什么相同与不同？ （2）你能将 $1+3+5+7+9$ 还原成点子图吗？ 你能快速计算 $1+2+3+4+5+4+3+2+1=$？ 小结：像这样，我们不仅可以用数来表示图形中的规律，还可以通过图形让数更形象。（边说边板书）这在数学上就是"数形结合"。 在以往的学习中，我们就有许多"数形结合"的例子，如"两位数乘两位数""乘法分配律的图""梯形面积图"。你还能回忆其他的例子吗？ 著名数学家华罗庚还有一首相关的诗：数缺形时少直观，形少数时难入微；数形结合百般好，隔离分家万事休	
四、总结反思，深化对"数形"关系的感受和理解	层次一：观察的角度不同，发现的规律也不同，结果相同。 层次二：数与形是紧密相连的，相辅相成	通过今天的探索和学习，你有什么样的感受、感触可以和大家分享吗？ 理答：仔细观察，你会发现很多图形中都蕴含着数学规律，我们常常需要数和形结合来解决问题。同样的图形，从不同角度观察，可能会有不一样的发现，让你感受到数学的神奇和魅力	

[教学设计案例3]

成师附小万科分校大综合项目设计（学科内：数学）

设计者：黄丽

一、教学内容

北师大版数学教材 六年级上册 四单元 第1课时

二、教材简析

单元主题	单元目标	课题	结合学段与单元目标 确定本课时目标
数与代数	（1）经历从实际情景中抽象出百分数的过程，体会引入百分数的必要性，理解百分数的意义。 （2）在解决实际问题的过程中，或正确读、写百分数，能运用百分数表示生活中的一些事物，会进行百分数与小数、分数之间的互化。 （3）结合现实情景解决有关百分数的简单实际问题，发展应用意识，感受数学在现实生活中的价值。 （4）养成独立思考、勇于质疑的学习习惯	百分数的认识	（1）经历从实际问题中抽象出百分数的过程，体会学习百分数的必要性，在具体的情境中理解百分数的具体含义，掌握百分数的读法、写法。在生活情境中解释百分数的意义，体会百分数与日常生活的密切联系。 （2）引导学生通过解决问题、交流分享、归纳总结认识百分数，通过类比迁移、综合概括达到知识的内化。 （3）培养学生的爱国主义情感，感受数学在现实生活中的价值。 （4）借助百分数学习体会数产生的过程

三、学情分析

学生生活经验：百分数在社会生产中有着广泛的应用，大部分学生都直接或间接地接触过一些简单的百分数，在生活中也有一定的经验积累。

学生学习兴趣：学生已具备一定的独立思考能力、探究能力、知识迁移能力，同时小组合作的意识也比较强，能在探究中较好地进行小组合作，这也为学习本课提供了基础。

学生学习困难：让学生在生活实例中感知并能正确地运用百分数解决实际问题，真正体会"数学来源于生活，又应用于生活"。引导学生能把百分数和分数进行类比学习，合情推理，层层递进，清晰地建立百分数的概念。

四、教学设计突破

教学重难点	(1) 教学重点：经历探索的过程，理解百分数的意义，能正确读、写百分数。 (2) 教学难点：理解百分数表示量与量间的关系
核心问题	(1) 你选派哪名队员？说说你的想法。 (2) 对百分数又有哪些新的认识？
大综合 设计亮点	(1) 本课例着力体现数学学科内的项目活动。首先，联系生活实际创设情境，凸显数学的应用价值。大胆改编教材，以大运会为背景创设真实的问题情境，即从学生感兴趣的事情入手，组织学生讨论：足球运动员参加点球比赛，应该派谁去比较合适？学生已初步感悟出百分数的含义，也初步感受了比较数据时使用百分数的好处。其次，聚焦核心问题，引导自主探究——结构化问题。 (2) 学生是课堂学习的主体，知识的建构基于学生课堂的层层深入的探索学习活动，而驱动学生进行结构化学习活动的是问题，尤其是核心问题。本节课中教师要聚焦问题的核心，设计一系列的子问题（追问问题），子问题之间要有结构性，要有紧密的关联，有逻辑性，环环相扣，以利于学生层层深入的探究活动。强化对"百分数表示两个量之间的关系"的结构化认知。最后，引导学生对比回顾，类比迁移——方法结构化体现。对比是类比迁移的关键环节，学生对比活动的展开次数多少、层次深度都对新知结构是否能够顺利构建起着关键性作用。而对比通常又是对事物之间的共性和个性的比较，进而构建起对事物全面的认知。 (3) 结尾处的设计也很新颖，让学生从百分数感受祖国的繁荣强大，在具体的新闻中，对百分数在广度和深度上有了进一步的认识，同时实现了课程与德育的融合，让学生感受到强烈的民族自豪感

五、教学流程

教学板块	动力导航 （或学生活动） 设计	教师引导 与预设	设计意图
活动一：创设情境，体会百分数产生的必要性	1. 理解表格数据，明确数学问题 把自己的思考过程记录在学习单上	情境引入（大运会背景）	(1) 重点理解罚球数、进球数及其关系。在明确问题后鼓励学生独立思考。 (2) 基于学生问题解决的各种方法，抽象并揭示出百分数。充分体会百分数产生的必要性
	2. 独立解决派谁去的问题	独立探索	
	3. 汇报交流 你选派哪名队员？说说你的想法	点拨提升：在比较中，只看进球数行吗？那要看什么？哪种方法更容易比较呢？为什么？	

活动二：依托素材，总结提炼百分数的意义	1. 观看微课 观看微课认识百分数，读、写百分数的方法	你学到了什么？	（1）从形式上感知百分数。 （2）从内在含义上初步理解百分数
	2. 全班交流 （1）全班交流，从微课中你学到了什么？ （2）了解百分数的读法、写法和意义	你有什么收获？	
活动三：结合生活，丰富对百分数的理解	1. 理解具体情境中的百分数的意义 说说上面百分数各表示什么意思，从中你还能看出哪些信息	说说这些百分数分别表示什么意思	（1）通过出勤率、人口数以及身高等丰富的生活实例，促进学生从不同的角度解释百分数的意义，加深学生对百分数意义的理解。 （2）学科渗透德育，提升对百分数的认识
	2. 说一说生活中的百分数	你在生活中还见过哪些百分数？	
	3. 用数据了解时事 结合世界经济体的报道，总结提升	观看时事报道中的百分数，谈一谈你的感受	
	4. 对百分数又有哪些新的认识？	关于百分数你有了什么新的认识吗？	
活动四：沟通联系，感受数的产生	1. 回顾本节课的学习过程 从意义、读法、写法和组成上认识白分数	回顾本节课的学习过程	培养学生的总结、反思能力，感受数的产生过程，促进学生的知识结构化
	2. 感受数的产生过程	结合本节课的学习，感受数的产生过程	
活动五：应用提升，深入理解百分数	1. 理解应用 估计每幅图的阴影部分占整幅图的百分之几，然后与对应的百分数连起来 33%　50%　75% 12.5%　25%	估计每幅图的阴影部分占整幅图的百分之几，然后与对应的百分数连起来	理解百分数的意义，体会分数、百分数的密切联系
	2. 理解百分数和分数的区别与联系	启发	

[教学设计案例4]

成师附小万科分校大综合项目设计（学科内：体育）

设计者：李定明

一、教学内容

人教版《体育与健康》教材　三至四年级全一册　第四章第三节　投掷单元　第1课时

二、教材简析

单元主题	单元目标	课题	结合学段与单元目标确定本课时目标
投掷	（1）能正确说出各种所学投掷项目的名称、含义等，了解其基本的健身作用。 （2）掌握投掷的一些基本动作、技术和简单的锻炼方法，发展力量、灵敏、协调等身体素质，提高投掷的准度和远度。 （3）能够积极地参加投掷动作的学习和锻炼，与同伴友好相处、和谐相助。具有一定的安全意识和习惯，在锻炼中能够表现出自信、果断、坚毅等优良品质	双手前掷实心球	（1）通过学习，学生能够说出双手前掷实心球的动作要领，并了解其锻炼作用。 （2）通过练习，学生能够初步掌握双手前掷实心球的技术动作，个别学困生能够在教师或者同学的帮助下正确完成投掷动作，发展力量、灵敏、协调等身体素质，提高投掷的远度和准度。 （3）培养学生安全锻炼、团结协作的意识和行为，培养自信果断的优良品质

三、学生前端分析

学生生活经验：四年级学生的理解能力和模仿能力都有了较大的提高。他们已经学过各种单手投掷项目，学生能独立完成各种单手投掷练习、游戏和比赛。在此基础上，通过参加如保龄球式抛掷小足球、自下而上的双手抛掷小篮球、侧抛实心球、背向胯下抛实心球等游戏活动，学生对双手投掷也有了初步的认识和体会。

学生学习兴趣：本课精选了发展双手投掷能力的几个游戏和练习，内容丰富，形式多样，通过生动的讲解示范、图片展示等，创设各类学、练、赛情境，从游戏导入、技能探究、比赛应用等几个方面激发学生参与投掷项目的学练积极性，发展学生腰腹、肩及上肢肌肉力量，发展身体灵敏性、协调性，培养学练能力，培养其团结互助、自信果敢的精神。

学生学习困难：部分学生由于身体力量不足、体质差异、练习次数少等，可能在动作连贯、协调发力、出手角度等方面的把握上还有所欠缺。另外，有部分学生的安全锻炼意识还比较薄弱，对实心球可能会造成的伤害认识不足，不知道如何安全地进行练习。

四、教学设计突破

教学 重难点	（1）教学重点：屈肘后仰、向后引伸，蹬地收腹、快速挥臂。 （2）教学难点：动作连贯、协调用力，出手时机正确
核心 问题	上下肢协调配合，找准出手时机
大综合 设计亮点	（1）课中注重学、练、赛情境的创设。本课例教学组织形式以游戏为主，教学方法多样，趣味性高，实效性强。鼓励学生合作探究、实践创新，促进学生在学习中掌握知识和技能，解决学习中遇到的各种问题，引导学生在活动中学、思、乐。给学生较大的自主合作学习空间，培养学生由课堂单纯知识点和技术学习向形成学练能力和发展核心素养转变。 （2）教学过程中进行积极评价和引导，充分发挥体育课的育人功能。本课教学过程中以表扬和激励为主，评价用语积极、规范、精炼。课中积极营造良好的发现问题、合作交流、探究学习、技能展示等教学环节，及时对学生的运动能力、健康行为以及安全意识、规则意识、集体观念、心理品质等进行有效评价和引导。 （3）科学设计适宜的运动负荷。针对四年级学生身心特点，本课设计练习密度为50%～70%，平均心率为120次/分钟～140次/分钟，让每一个学生都尽可能地动起来，学习技术技能的同时保证练习强度和密度

五、教学流程

教学板块	动力导航 （或学生活动）设计	教师引导预设	设计意图
开始部分	（1）体育委员集合整队，清理、报告人数。 （2）精神饱满，向教师问好"老师您好!" （3）认真听讲，课堂上行动听指挥	（1）观察学生状态。 （2）向学生问好"同学们好!" （3）宣布内容，提出要求：一切行动听指挥，安全练习	规范课堂常规，提高学生注意力，谨记安全要求，以饱满的热情做好上课准备
准备部分	（1）慢跑热身。 （2）专项准备活动	教师领跑、领做，为准备活动做好示范	充分热身，为后面的练习做好准备，预防受伤

基本部分	（1）趣味传球接力赛。全班分为四组，各组纵队排列，双手屈臂后伸，掌心向上，稍后仰准备接球，从最末尾同学开始依次把小足球传到前面一位同学手里。 （2）徒手模仿。认真观察教师示范，牢记动作要领，屈肘后仰、蹬地收腹、快速挥臂，积极模仿练习。 （3）合作探究。练习中积极动脑，认真对比。互相提醒动作是否正确，出手时机是否恰当，位置是否安全，反复体验发力顺序。 （4）技能展示。牢记动作要领，动作连贯，全身协调用力，找准出手时机，勇于挑战投掷记录。 （5）比赛运用。4人一组，全班分为若干个人数相等的小组，进行2对2小场地足球赛。每人依次轮流进行足球界外球投掷	（1）语言引导"同学们，教师准备了一个非常有趣的游戏，大家想参加吗?"讲解游戏规则，组织学生进行游戏。 （2）教师生动讲解、示范，引导学生初步建立双手前抛实心球的动作概念，指导纠错。 （3）组织分组练习，由发令员统一发令投掷，预留安全距离。通过一定高度的横绳、远度标志等辅助手段，突破重难点。 （4）组织各小组进行展示，邀请技术动作优异的同学进行单独展示，鼓励大家勇于挑战，及时评价。 （5）讲解双手前抛实心球在足球比赛中的运用，提出比赛要求	（1）激发学生学习兴趣，让学生在游戏中体会屈肘后伸、向后引伸和腰腹发力，为下一环节的学习做准备。 （2）让学生通过观察、模仿，初步体验双手前抛实心球技术动作。 （3）让学生通过实践探究、合作互助深度体会技术动作的重难点，找到正确的发力顺序和方法，找准出手时机。培养学练能力、安全意识、合作精神。 （4）鼓励学生勇于展示自我，勇于挑战，培养自信心。 （5）在实际生活或比赛中深度运用学到的技术动作
结束部分	（1）伴随音乐放松操进行拉伸放松。 （2）知识回顾。对本课所学技术动作要领进行回顾，加深印象。 （3）互评总结。根据本课中自己和同学的表现、技能掌握情况等进行自评和互评	引导学生进行拉伸放松，回顾本课知识点，总结课堂情况，提出表扬和鼓励，布置课后作业	拉伸促进肌体恢复。教师多用鼓励性的总结语言，更能提升学生的自信心，提高学习兴趣。同时也让学生在总结中寻找亮点、归纳不足，课后有针对性地进行练习

［教学设计案例 5］

成师附小万科分校大综合项目设计（学科内：美术）

设计者：斯瑶

一、教学内容

人美版美术教材 五年级上册 第 14 课 《中国龙》

二、教材简析

单元主题	单元目标	课题	结合学段与单元目标确定本课时目标
欣赏评述	欣赏优秀美术作品，通过描述、分析与讨论，用简单的美术术语对美术作品的内容与形式进行分析，表达对美术作品的感受与理解	中国龙	（1）知识目标：通过本课学习，初步了解中国龙的文化、历史，龙形象的演变。 （2）技能目标：与新时代结合，创新龙的形象。 （3）情感目标：体会龙的精神，树立民族精神

三、学生前端分析

学生生活经验：爱国教育始终贯穿学生整个学习生涯，国家强大来之不易，希望学生通过学习本课了解"中国龙"这个图腾背后的民族精神。本课以"天行健，君子以自强不息"作为民族精神的核心，激发学生身为"龙的传人"的自豪感和使命感。

学生学习兴趣：原教材中这是一节"欣赏与评述"课，但是通过对学情的了解，本课被调整成了以"欣赏与评述"为主、融"设计与应用"于一体的美术课。这样的课比起单纯的欣赏课更受到孩子们的喜欢。传统欣赏课多由讲授为主，枯燥乏味，学生不是特别感兴趣，所以融入设计课程可以增加学生的学习兴趣。

学生学习困难：如何与新时代精神结合，创新龙的形象。

四、教学设计突破

教学重难点	（1）教学重点：完成新时代龙形象的设计方案。 （2）教学难点：与新时代结合，创新龙的形象
核心问题	如何建构新时代的龙

大综合 设计亮点	原教材中这是一节"欣赏与评述"课，但是通过对学情的了解，本课被调整成了以"欣赏与评述"为主、融"设计与应用"于一体的美术课。这样改动的优势有： 1. 提升学生兴趣 这样的课比起单纯的欣赏课更受到孩子们的喜欢，传统欣赏课多由讲授为主，枯燥乏味，学生不是特别感兴趣，所以融入设计课程可以增加学生的学习兴趣。 2. 传承中创新 孩子们可以根据自己对时代精神的理解创造性地设计新时代的龙图腾，传统与现代的碰撞，让传统精神传承的同时，融入新时代的创新血液，让学生创新能力得到很好的发展。 3. 加深理解民族精神 设计龙形象能让学生真正地去了解民族精神，去传承和发扬

五、教学流程

教学板块	动力导航 （或学生活动）设计	教师引导预设	设计意图
导入	通过教师演示龙的画法，学生了解龙的特征及其特征的象征意义	教师演示龙的画法	通过教师的现场作画引起学生兴趣
新授	1. 了解龙的演变历史 通过欣赏龙的演变过程图片，学生了解龙经历几千年的演变，最初是什么样，现在是什么样。理解龙的形象是随时代不断变化的	引导学生了解、分析龙形象的演变过程	通过本课学习初步了解中国龙的文化、历史，龙形象的演变
	2. 体会龙的精神 通过视频了解为什么我们被称为"龙的传人"，学生体会中国龙的精神，并感悟它深入生活的各个角落	引入龙的精神	体会龙的精神，树立民族精神
	3. 体会新时代精神与龙形象融合 通过了解新时代精神，请孩子们思考怎样把这些精神具象地融入龙的形象	引入新时代精神	与新时代精神结合，创新龙的形象
学生活动	学生大胆创作，讲述自己的创作思考	引导学生讲解创作思考	完成龙的设计
评价	学生互评，教师点评	帮助学生完善方案	完善龙的设计

[教学设计案例 6]

成师附小万科分校大综合项目设计（学科内：音乐）

设计者：田圆

一、教学内容

人音版音乐教材　三年级上册　八单元　第 3 课时《浏阳河》

二、教材简析

单元主题	单元目标	课题	结合学段与单元目标确定本课时目标
丰收歌舞	（1）通过演唱和聆听一组表现丰收歌舞的音乐作品，感受人们劳动丰收的喜悦之情，激发热爱家乡、热爱劳动的感情。 （2）能边唱歌曲《桔梗谣》边做 1～2 个具有朝鲜族特点的舞蹈动作，准确表达歌曲三拍子的韵律。 （3）能运用连音和跳音两种唱法演唱《如今家乡山连山》，表现出歌曲轻快、优美的特点。 （4）认识古筝并记住其音色特点。能哼唱《浏阳河》的主题旋律。 （5）能听辨管弦乐《丰收》中两个不同主题旋律的重复和对比，能用自己的语言表达不同音乐主题的情绪特点	《浏阳河》	（1）通过教师演奏、古筝展示，学生对古筝有初步了解。 （2）通过学生肢体动作感知体验乐曲基本情绪情感。 （3）通过教师示唱、示奏，学生熟练哼唱《浏阳河》主题旋律。 （4）借助三段音乐要素的对比分析，初步了解曲式结构 A＋B＋A′

三、学生前端分析

学生生活经验：在平时的生活中，学生能近距离接触民族乐器的机会不多，大多数信息来源于网络图片，乐器实物接触条件有限，导致大部分学生对民族乐器和民族音乐记忆不深刻。

学生学习兴趣：小学三年级学生学习态度积极，学生思维敏捷，接受能力较强，对音乐形象有直观的感受，对于新事物有很强的兴趣。

学生学习困难：三年级的学生对音乐欣赏课有一定的了解，大多数学生有良好的聆听习惯，对个别曲式结构有初步认识。在音乐的欣赏教学中能够积极主动地运用不同的情绪来表演，做到声情并茂，但对音乐知识的了解还不够，在主题旋律学习中，对自己的音量和音色的控制上、在感受和体验音乐的能力上都还略显不足。

四、教学设计突破

教学重难点	（1）教学重点：学生对古筝的外形、音色、基本技法有一定的了解并且能用连贯的嗓音哼唱《浏阳河》的主题旋律。 （2）教学难点：能通过音乐要素（速度、节奏、情绪）了解乐曲的曲式结构 A＋B＋A′
核心问题	塑造音乐形象，表达音乐情感
大综合设计亮点	本课例着力体现音乐学科内的项目活动，准确把握音乐要素塑造音乐形象，带有情感地准确歌唱，表达歌曲音乐情感。 　　例如，第一次授课时，教师直接进行教学——不带问题地直接听、教师不出示曲谱直接教、学生不看曲谱直接唱，由于没有出示曲谱，学生记不住主题旋律音高，学生对主题旋律记唱的完成度不高，并且由于没有对音乐要素进行讲解，学生对主题旋律的速度、节奏、情感没有清晰的了解，导致哼唱的时候不能抒情连贯地哼唱。 　　第二次授课时，根据音乐要素带问题地引导学生聆听音乐、欣赏音乐，让学生能生动地感受到音乐的速度、节奏、情绪，出示曲谱让学生对音名、音高有直观的了解，教师示范，学生学唱。学生在 A 乐段音乐要素的学习下，能够更好地掌握 A 乐段的速度、节奏、情绪的特点，为后面曲式结构的分析打下了基础。出示了曲谱，学生能直观地看到音名与节奏，很多学生的音准和音高有了明显进步，但是学生哼唱主题旋律的时候，由于教师讲解没有到位，对休止符的认识停留在理论阶段，学生对休止符的实际操作上停顿的时值不统一，导致学生在哼唱的时候出现休止符时值不统一的情况，影响了哼唱中乐句之间旋律线条的连贯性与情感的抒情性。 　　第三次授课时，根据音乐要素带问题地引导学生聆听音乐、欣赏音乐，让学生能生动地感受到音乐的速度、节奏、情绪，出示曲谱让学生对音名、音高有直观的了解，教师示范，学生学唱并加入示范动作演唱主题旋律，利用统一手势让学生直观生动地感受休止符的时值和乐段旋律的连贯和抒情性。 　　通过教师的手势动作，学生能够直观地感受到休止符"休息停止"的意义，并且在教师的指导下，同学们在哼唱过程中能相对统一地进行休止。学生在音乐要素的学习下，也能够更好地掌握 A 乐段的速度、节奏、情绪的特点，为后面曲式结构的分析打下了基础。让学生学会分析欣赏课中民族音乐曲式结构分析的方法，通过音乐要素（速度、节奏、情绪等）分析曲式结构，通过曲式结构更好地掌握音乐要素的特点，从而更好地提升学生对音乐的审美情趣

五、教学流程

教学板块	动力导航 （或学生活动）设计	教师引导预设	设计意图
情景导入	聆听乐曲，根据不同情感跟师律动	聆听音乐，初步感受乐曲情感	初步感受乐曲旋律情感
了解古筝	（1）通过近距离摸、碰、弹的方式认识古筝。 （2）用耳朵聆听音层，找出古筝 12356 五音构成的我国民族音乐特有的五声调式	（1）认识古筝外形、音色、技法等。 （2）了解五声调式	了解古筝
A 乐段	（1）聆听主题旋律。 （2）纠正一撮部分。 （3）准确哼唱主题旋律。 （4）分析找出 A 乐段的音乐要素特点	（1）教师亲自演奏主题旋律。 （2）解决旋律中的休止符问题。 （3）带领学生准确哼唱主题旋律。 （4）引导学生利用音乐要素找到 A 乐段的特点	熟悉主题旋律；了解音乐要素
B 乐段	（1）聆听 B 乐段旋律。 （2）运用古筝技法模仿演奏。 （3）独立思考，完成 B 乐段中音乐要素的分析。 （4）学生分享作答成果	（1）教师亲自演奏 B 乐段旋律。 （2）引导学生运用之前 A 乐段分析曲式结构的方法，独立完成 B 乐段中"变奏二"音乐要素的分析。 （3）教师根据学生作答情况进行点评和总结	分析曲式结构中 B 乐段的音乐要素
A′乐段	（1）聆听旋律，发现与 A 乐段的相似之处。 （2）分析 A′乐段的音乐要素特点	（1）教师亲自演奏 A′乐段旋律。 （2）引导学生利用音乐要素找到 A′乐段的特点	分析曲式结构中 A′乐段的音乐要素
小结	（1）完整演绎《浏阳河》。 （2）再次感受曲式结构 A+B+A′。 （3）总结欣赏方法	（1）完整演绎《浏阳河》。 （2）总结欣赏方法	通过哼唱、律动等方式完整演绎《浏阳河》；与师一同总结学习欣赏音乐的方法

学科内综合实践精品案例，包含语文、数学、体育、美术、音乐学科的教学设计，学科众多，综合活动育人，体现了我校在学科内进行的大综合育人模

式的研究。每一篇设计都经过团队集体打磨，呈现了团队智慧以及主设计者的教学理念。后续教学中，我校将继续进行学科内综合育人教学活动的研究并创造更多精品教学设计，将大综合的育人理念应用于学科内教学。

二、学科间的综合实践课程

学科＋综合实践学习课程是社会生活需求本位的综合实践课程。在学科＋的综合实践学习活动中，学生能够主动将学科知识能力与现实生活联系起来，创造性地解决真实问题，从而服务于社会，形成正确的价值观念。需要说明的是，学科知识不仅单指某一学科知识，也可以是以某学科为主、其余学科为辅的学科知识群。

综合实践课程的关键在于确定大主题，而大主题的选定指向真实问题。问题是创新思维发展的源泉，学生在学校、家庭甚至社会中遇到的问题是其创新思维发展的重要契机。在实践中，教师可以根据学生在学习生活中遇到的真实问题，选定大综合实践学习的中心主题，创设真实的问题情境，围绕大主题设计符合儿童发展水平的序列实践学习项目，引导学生在问题解决中发展创新思维和综合素养。

本节的课例就主要是以学生生活的学校和社区中的真实问题为出发点，对现实问题再进行必要的合理化改造，开发基于真实情境的学科＋综合实践学习课程。例如，立足于我校作为一所社区配套小学的特点，我们将校园与社区作为学科＋实践学习活动的核心板块，在社区课程中，学生通过自主调研梳理出社区中存在的问题，并从中选择了亟待解决的"设计抽奖箱"问题，在帮助社区解决问题的过程中内化概率的相关知识，在综合应用与实践中拓展思维。

［综合实践课程案例1］

成师附小万科分校大综合项目设计（学科间：数学）

设计者：石倩

一、教学内容

北师大版教材数学学科　四年级上册　《摸球游戏：定性描述可能性的大小》

二、教材简析

单元主题	单元目标	课题	结合学段与单元目标 确定本课时目标
可能性	（1）在解决实际问题的过程中，理解并掌握形如 $ax \pm x = b$ 这样的方程。 （2）经历将现实问题抽象为方程的过程，积累将现实问题数学化的经验，会用方程解决简单的实际问题，进一步理解等量关系。 （3）养成独立思考、主动与他人合作交流、反思等良好的学习习惯	摸球游戏	（1）在情景中体会生活中的必然现象和随机现象。 （2）在探索活动中，通过罗列摸球的所有结果或在比较推理中，感受随机现象发生的可能性有大有小，并能对可能性的大小作定性的描述和交流。 （3）通过可能性应用的生活实例，培养学生浓厚的学习兴趣，在分析解决问题中，培养学生缜密的科学精神

三、学生前端分析

学生生活经验：学生有着丰富的生活经验，对事情发生的确定性与不确定性有了一定的认识。

学生学习兴趣：本课的学习充分利用学生已有的知识经验，将所学的数学知识应用到生活中去，解决身边的数学问题，能够充分激发学生探索的欲望。

学生学习困难：理解事件发生的可能性是大小不同的，根据已知条件对一些简单的事件发生的可能性的大小进行比较。

四、教学设计突破

教学重难点	（1）教学重点：通过抽奖活动方案的设计与交流，体会可能性是有大小的。 （2）数学难点：从罗列所有摸球结果中去体会可能性是有大小的

续表

核心问题	（1）在情景中体会生活中的必然现象和随机现象。 （2）在探索活动中，通过罗列摸球的所有结果或在比较推理中，感受随机现象发生的可能性有大有小，并能对可能性的大小作定性的描述。 （3）通过可能性应用的生活实例，培养学生浓厚的学习兴趣，在分析解决问题中，培养学生缜密的科学精神
大综合 设计亮点	本课不仅整合北师大版四年级上册和五年级上册的知识，使得知识体系更加完整，它也是一节学科内项目式学习课，将教材中的摸球游戏与商场设计抽奖活动结合，突出可能性知识与现实情景的融合，激发学生的学习兴趣，激发学生的已有经验。情景的再设计，突出整体性。突出延续性、层次性，即选择抽奖箱—设计抽奖箱—讨论合理性—应用，以此充分调动学生的生活经验来理解生活中的必然现象和随机现象。创设这样一个复杂且具有挑战性的话题，激发学生内在的学习动机及兴趣，为学生的思维构建了一个丰富开放的模拟情境

五、教学流程

教学板块	动力导航 （或学生活动） 设计	教师引导预设	设计意图
一、创设情景，体会生活中的必然现象和随机现象	抽奖的规则是什么？ （1）消费满300元获得1次抽奖机会，摸到白球返现金券。不同的抽奖箱返现金额不同。返现金额分别为10元、20元、50元。 （2）出示教材97页的抽奖箱。 （3）上面有5个抽奖盒，如果你是促销活动的设计者，哪些盒子你不会用来设计抽奖活动？	提问：说一说你对抽奖活动规则是怎样理解的。 追问：不选择1号和2号的原因是什么？其他的盒子可能摸到什么球呢？说一说原因。 小结：在生活中，有的事件是一定发生的，有的是不可能发生的，还有的事件是可能要发生的	创设学生熟悉的抽奖活动情景，充分调动生活经验，理解生活中的必然现象和随机现象
二、自主探索，体会可能性的大小及盒子里放球的数量结构的关系	（1）设计抽奖活动抽奖箱：独立思考后根据动力导航的学习要求进行。 （2）汇报交流：怎样设计的？设计的理由是什么？讨论交流可能性大小的判断依据是什么？	（1）过渡：商场准备用下面有红球、白球的盒子来设计抽奖箱。 第3盒 1白3红 第4盒 1白7红 第5盒 7白1红 （2）指导小组合作学习：明确学习任务和学习方式。 （3）组织交流、讨论。 ①引导问题：你是怎样设计的？设计的理由是什么？	

二、自主探索，体会可能性的大小及盒子里放球的数量结构的关系	（3）总结：通过这个活动，关于可能性，你有哪些新的认识跟大家分享？ 【动力导航】 学习任务：分析抽奖箱中的小球，设计每个抽奖箱的返现金额。 学习方式：小组学习 （1）小组长组织讨论：怎样设计？理由是什么？ （2）记录员将你们的设计填写到学习单上。 （3）小组汇报分工。 学习时间：5分钟	②学生互相补充与完善。 ③板书：摸白球的可能性。 第3盒 比红球小一些 第4盒 最小 第5盒 最大 小结：看来在设计抽奖箱时，我们是根据每个盒子摸到白球可能性的大小来设计的，也就是说，可能性是有大小的。 追问：怎样判断这几个盒子可能性的大小呢？为什么说第4盒摸到白球可能性是最小的呢？ 课件出示第3盒和第4盒小球的编号，你能说明摸到白球的可能性最小吗？	体会可能性是有大小的。讨论交流，可能性大小跟盒子里放球的数量结构是有关系的
三、巩固应用，提升对生活中随机现象的认识	（1）如果你获得了一次抽奖机会，你会去哪个抽奖箱抽奖？为什么？ （2）总结：通过这个活动，你又有什么跟大家分享？ （3）放球游戏：读懂题目后独立完成，汇报理由。 （4）书98页第3题，同桌交流后说想法；自己设计一个有吸引力的活动并交流展示	（1）抓住学生发言：如第4盒运气好就摸得到，进行追问：为什么？ （2）是不是去第5盒就一定摸得到白球？	体会随机现象发生的可能性的大小，可能性大不一定能摸到白球，可能性小也可能摸到白球
四、总结反思，提升认识	（1）你对可能性有什么认识？ （2）交流：可能性的学习，对你自身来说，有什么作用？	引导学生回顾总结	通过反思，提升学生对数学知识价值的认识

[综合实践课程案例2]

成师附小万科分校大综合项目设计（学科间：科学）

设计者：杜伯霜

一、教学内容

项目制课程"让学校更美"的子项目——声音篇"校园声音的追寻与美化"

二、教材简析

单元主题	单元目标	课题	结合学段与单元目标确定本课时目标
声音	(1) 认识声音是由物体的振动产生的。 (2) 做各种声音的实验，了解声音的特征及其传播方式。 (3) 认识听力安全的重要性。 (4) 认识控制噪音的方法。 (5) 会用噪音检测仪检测声音	校园声音的追寻与美化	(1) 知道可以用 Scratch 编程自制噪音检测仪。 (2) 知道可以用自制噪音检测仪检测校园内的声音。 (3) 知道可以根据所检测的结果，分析学校声音环境，对创设学校更美的声音环境提供可行性建议。 (4) 会提出问题，形成研究思维框架。 (5) 会根据声波原理，设计检测仪。 (6) 会实地调查检测，分析报告。 (7) 会提出改进方案，形成研究报告。 (8) 通过小组成员的合作，培养学生的合作意识、语言表达和沟通能力，能大胆地准确地表达自己的想法，能清晰地介绍自己的作品。 (9) 学生善于发现问题和提出问题，激发解决问题的兴趣和热情。 (10) 培养学生在制作检测仪遇到困难时，能坚持不懈、积极解决问题的坚韧探索精神

三、学生前端分析

学生生活经验：学生在平时的学习和生活中，对于噪音会影响到我们的学习和生活有了丰富的感性认识。

学生学习兴趣：自己设计制作一个噪音检测仪。

学生学习困难：学生在根据自制噪音检测仪所检测的结果对创设学校更美的声音环境提供可行性建议上，有一定的困难。

四、教学设计突破

教学重难点	（1）教学重点：用 Scratch 制作噪音检测仪。 （2）教学难点：用自制噪音检测仪检测校园内的声音
核心问题	如何利用五步法（To—Lo—Po—So—Go）来解决制作噪音检测仪的问题
大综合设计亮点	本课是项目"让学校更美"的子项目，着力体现科学与信息技术学科间联系的项目活动。本课基于 STEAM 教育的跨学科深度对话研究，采用 STEAM 教育的相关课程模式，凸显出四个特性： 1. 趣味性 把多学科知识融于有趣、具有挑战性、与学生生活相关的问题中——解决生活中的噪音问题，让学校的声音更美。 2. 体验性 提供学生动手做的学习体验——让学生自己设计制作一个噪音检测仪，去检测校园内的声音。 3. 情境性 结合生活中有趣、具有挑战性的问题，通过学生的问题解决完成教学——根据学生所检测的结果，对创设学校更美的声音环境提供可行性建议。 4. 协作性 在完成任务的过程中，学生与他人交流和讨论——学生合作完成声音检测，并将所获取的证据分享在全景平台

五、教学流程

教学板块	动力导航 （或学生活动） 设计	教师引导预设	设计意图
聚焦问题，整理噪音知识	1. 观看视频 发现校园内不美好的声音。 2. 文献学习研究，利用思维导图整理关于声音的知识 （1）声音： ①声音的形成与多种因素有关。 ②声音形成后会呈现不同的声波线图像。 ③不同声音呈现的声波线不同，并有其自身的规律。 （2）噪音： ①特点：杂乱、大声。 ②危害：影响睡眠，静不下心，不能思考，影响听力，加快心跳等。 ③控制：控制振动，阻碍传播	1. 视频展示 校园内不美好的声音。 2. 聚焦 人们对声音的理解局限于经验认识，有了对声音整体的认识与研究，就能对校园的声音做出理性判断，并针对噪音提出合理的改进意见。 3. 介绍检测声音的仪器 噪音检测仪	学生梳理关于声音的知识，为后面自制噪音检测仪奠定基础

| 制作噪音检测仪 | 1. 确定目标
设计一个能够直观展示的噪音检测仪。
2. 分解问题
（1）噪音的检测。
（2）声音的图形化显示。
3. 梳理可以使用的资源
（1）声音接收——笔记本话筒。
（2）声音转化——Scratch 把声音转化为数据。
4. 制作噪音检测仪
Go 学生用 Scratch 软件制作一个噪音检测仪。
（1）让 Scratch 的角色根据声音大小来上下移动，用画笔显示移动路径。
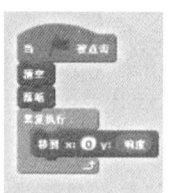
（2）新建一个 X 轴变量，随着时间增加，把 X 增加，每隔 1 秒采集一次，就可以绘制曲线图。
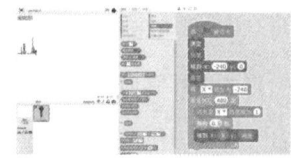 | 1. To 目标
介绍 Scratch 软件，声波线最高、最低、平缓的含义（制作——噪音检测仪）。
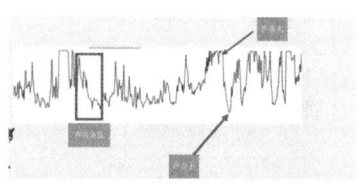
2. Lo 问题分解
需要解决的问题有哪些？
3. Po 激发学生思考
（1）可以使用的资源有哪些？（笔记本最常用）

Arduino 声音传感器—数据记录—Excel 分析
4. So 整理思路，思考与分析
思考：哪个相当于时间轴？只增加横坐标，角色会怎么移动？改变纵坐标，角色会怎么移动？在循环里面添加了等待 0.5 秒后有什么变化？
5. 让你的产品独特，与众不同
比如，外观、设置心情头像、更换角色、根据分贝设置不同的颜色、添加测量的时间标签。 | 利用五步法（To—Lo—Po—So—Go）来解决制作问题 |

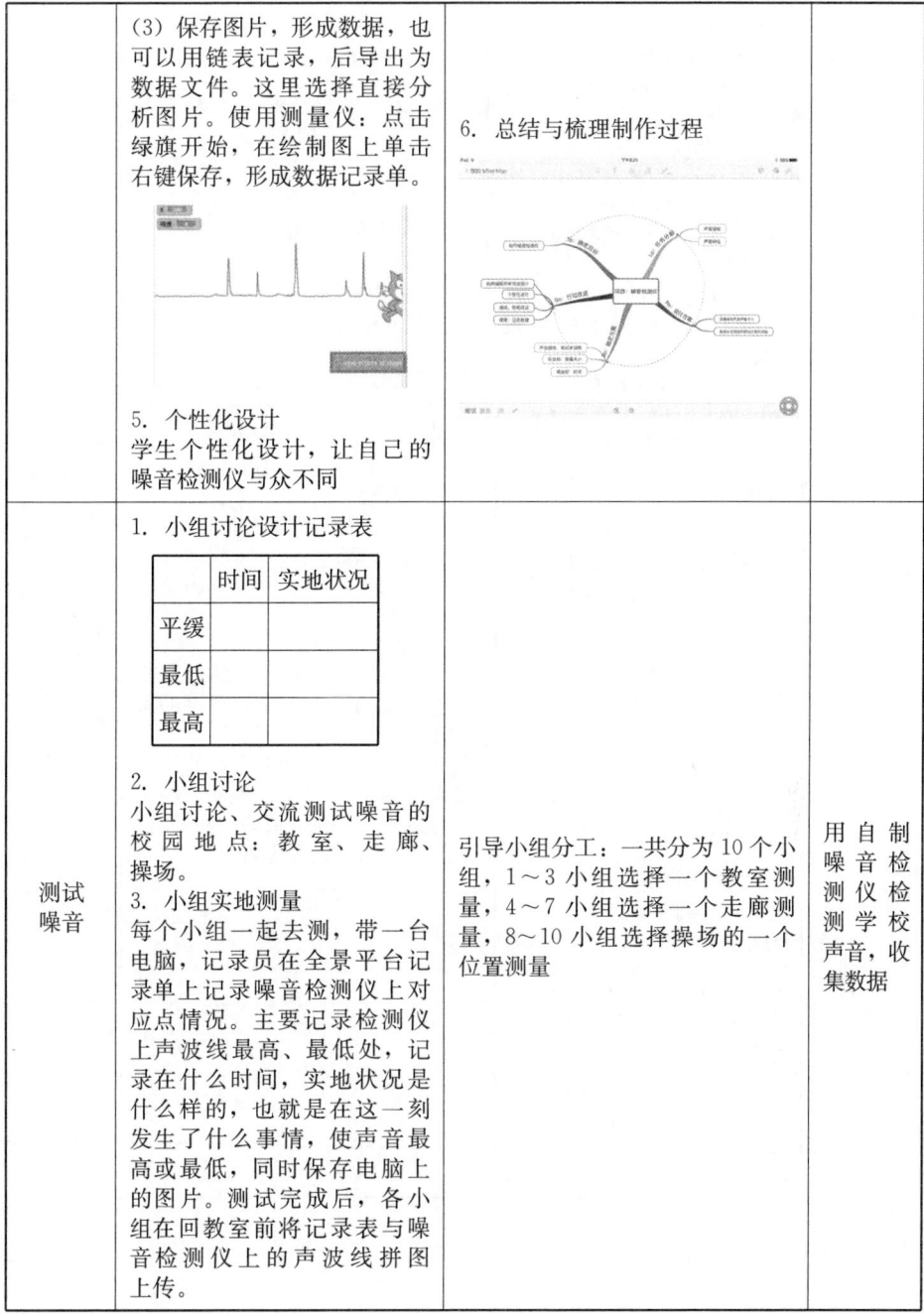

	（3）保存图片，形成数据，也可以用链表记录，后导出为数据文件。这里选择直接分析图片。使用测量仪：点击绿旗开始，在绘制图上单击右键保存，形成数据记录单。 5. 个性化设计 学生个性化设计，让自己的噪音检测仪与众不同	6. 总结与梳理制作过程	
测试噪音	1. 小组讨论设计记录表 		时间	实地状况
平缓		
最低		
最高		| 2. 小组讨论 小组讨论、交流测试噪音的校园地点：教室、走廊、操场。 3. 小组实地测量 每个小组一起去测，带一台电脑，记录员在全景平台记录单上记录噪音检测仪上对应点情况。主要记录检测仪上声波线最高、最低处，记录在什么时间，实地状况是什么样的，也就是在这一刻发生了什么事情，使声音最高或最低，同时保存电脑上的图片。测试完成后，各小组在回教室前将记录表与噪音检测仪上的声波线拼图上传。	引导小组分工：一共分为10个小组，1~3小组选择一个教室测量，4~7小组选择一个走廊测量，8~10小组选择操场的一个位置测量	用自制噪音检测仪检测学校声音，收集数据

续表

| 交流分析 | 1. 交流汇报
小组推送拼图到全景平台，介绍自己记录的波峰、波谷或平缓的情况。
2. 对检测的声音进行分类
声音最美：教室内看书、小声讨论、轻声走路……
声音最不美：课间打闹、疯跑、尖叫……
3. 讨论归纳
找出控制校园噪音的关键环节。
4. 各小组提交书面总结报告 | 1. 汇总全班数据
2. 数据分析
对学校内的声音进行分类：什么情况下我们校园的声音最美？什么情况下我们校园的声音最不美？
3. 归因整理
对校园内的噪音形成整体认识。
4. 构建方案
构建出关于减少校园噪音的整体行动方案。
5. 总结活动收获
方法的总结：实验探究的过程蕴含着严密的思维方法和严谨的科学态度。
从知识到生活：对于声音的研究蕴含着对人与自然的理解，渗透环保意识，学生要成为关注环境、关注人与自然的环保者 | 根据收集到的声音数据，对校园的声音进行分类和归因分析，并针对改善声音环境提出可行性建议 |

制作噪音检测仪活动总结报告

组名：	小组成员：
在前置学习中学到的哪些知识和收集到的信息对制作噪音检测仪有帮助？	
在制作过程中遇到哪些问题？是如何解决的？	
根据收集的数据，你对校园内的噪音形成有何认识？	
校园噪音的测试结果和你的预测一致吗？为什么？	
你们小组对美化校园声音的可行性建议是什么？	
下一个让校园更美的项目你想研究什么？为什么？	

[综合实践课程案例 3]

小学数学绘本融入教学的案例研究

—— 以《谁是偷瓜贼——认识图形》为例

张 睿 王 佳

一、课前深度思考

对于刚刚步入小学校园的儿童来说，数学是一门难度性较高的科目，和其他科目不同，数学知识较为复杂、抽象，很容易让小学生产生枯燥、厌烦的情绪，从而降低对数学的学习兴趣。在课堂教学中，常常看到低段教师费尽心思、声情并茂地教，下面的孩子开开心心地玩。那么，如何才能够有效地改善这一情况，激发小学生的学习欲望呢？在长期的教学实践中我们发现，数学绘本是一种很好的教学素材，当枯燥无趣的数学知识穿上故事迷人的外衣，数学知识将变得生动化、简单化、具体化，给小学生带来良好的学习体验，极大地调动了学生学习的兴趣，让孩子沉醉在数学王国里，甘之如饴。然而，与教材紧密配套、与课时紧密结合的数学绘本极度缺乏，因此，创编基于教材的数学绘本并将其融入小学低段数学课堂具有重大意义。基于以上分析，我们以《谁是偷瓜贼——认识图形》为例，谈谈我们的做法。

《认识图形》是北师大版数学一年级下册四单元《有趣的图形》第一课时的教学内容。本节课是在认识了长方体、正方体、圆柱和球这四种立体图形的基础上，进一步认识长方形、正方形、圆和三角形，并通过操作活动感知"面"在"体"上。根据以往的教学经验，通常是让学生在立体图形上找到平平的面，并将面"留"在纸上，整个过程是由教师发布任务，学生动手操作，缺乏学生的主动探索，对于"面"和"体"的关系这一难点难以突破。而将数学绘本《谁是偷瓜贼》的故事情境融入课堂教学，学生在故事情节的推动下积极主动地去探索"面"和"体"之间的关系，这一教学难点就在学生的探索与交流中得以突破。

二、教学过程呈现

（一）创编绘本，激趣引入

师：老师知道小朋友们最喜欢听故事了，今天我给大家带来了有趣的数学绘本，名字叫《谁是偷瓜贼》，在这个故事里藏着许多数学秘密，等着你们去发现，准备好了吗？

语音：在一片茂密的森林里，有一座安静平和的小村庄，这里的村民很特别，它们全是立体图形。

师：我们去认识一下它们。

课件依次出示长方体、正方体、圆柱、三棱柱和球，全班辨认。

师：它们之间发生了怎样的故事呢？我们接着听。

语音：球住在村子的最西边，它拥有一大片香甜可口的西瓜地。一天早上，球来到西瓜地给西瓜浇水，却被眼前的一幕惊呆了——西瓜们东倒西歪，有的已经摔碎，有的已经不见了。

师：球看到眼前的一幕急得直哭，于是向你们发来了求助信，我们去听一听。

语音：亲爱的小朋友们，你们好，就在昨天，我的西瓜地遭到了严重的破坏，却不知道到底是谁干的，聪明的你们能帮我找到谁是偷瓜贼吗？

师：你们能帮帮可怜的球吗？

生：能。

师：那今天就请你们一起当小侦探帮球找出谁是偷瓜贼。

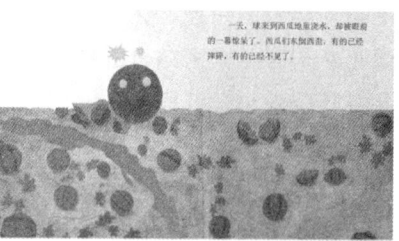

【思考】根据教学内容选择与教材主题相匹配的绘本资源，依据课程标准和教学目标要求对数学绘本的文字及图片进行合理增删，将教材内容与数学绘本有机融合，创编故事情境，唤起学生学习立体图形的经验，并通过球的西瓜被盗这一情境激起学生想要主动探索找出偷瓜贼的欲望。

（二）读中设疑，引发思考

师：我们一起去案发现场找找线索。小侦探们请仔细勘查，看看有什么发现。课件依次出示有4组脚印的图片：三角形、圆、正方形、长方形。

师：谁来说说你有什么发现？

生1：我发现西瓜地里有一些脚印。

生2：我发现有三角形、圆、正方形、长方形的脚印。

师：刚才小朋友们在西瓜地里找到了各种形状的脚印，这些脚印来自谁呢？猜一猜。

生：三角形的脚印是三棱柱留下的；圆的脚印是圆柱留下的；正方形的脚

印是正方体留下的；长方形的脚印是长方体留下的。

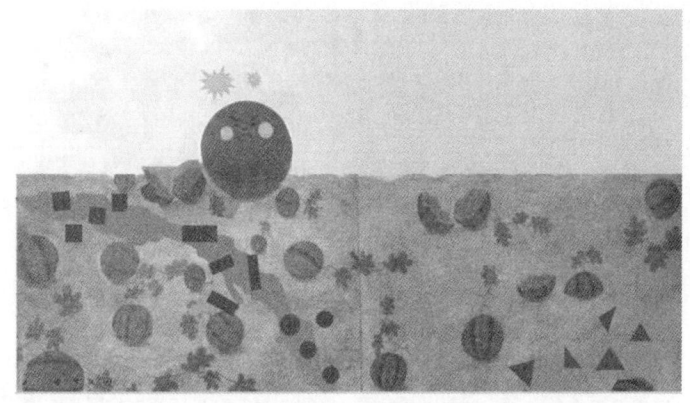

【思考】数学绘本设计以渗透数学知识为目的，在教学过程中，以问题为导向驱动阅读，让学生观察各种形状的脚印并猜想可能是谁留下的，激发学生积极主动思考，初步感知立体图形与平面图形的关系，增强学生对数学的应用意识，学会用数学的眼光看待问题。

（三）读做相辅，提升能力

师：刚才小朋友们说了自己的猜想，到底对不对呢？我们进入村庄请出立体图形做一个大调查。想一想，你可以怎么提取这些立体图形的脚印留在纸上作为证据呢？

生1：可以用印泥印一印。

生2：可以把这些立体图形的脚印描下来。

师：小朋友们都有自己的想法了，那请拿出学具袋，同桌合作。

学生动手操作将立体图形平平的面"留"在纸上。

小组汇报：

生：我们从正方体上得到了正方形；我们从长方体上得到了长方形和正方形；我们从这个圆柱上得到了圆；我们从三棱柱上得到了三角形和长方形。

教师顺势依次介绍各个平面的名称。

师：小侦探们，这些脚印都是从哪里得到的？

生：都是从立体图形上得到的。

师：由于它们都是从这些立体图形的平平的面上得到的，所以它们都是平面图形。

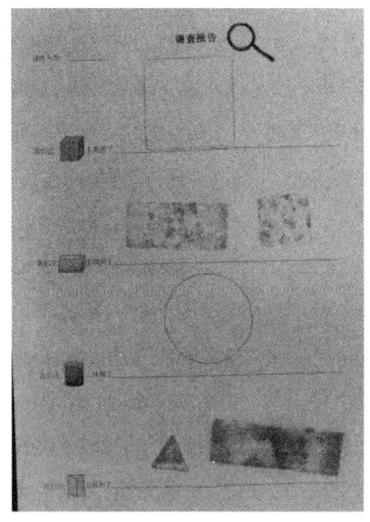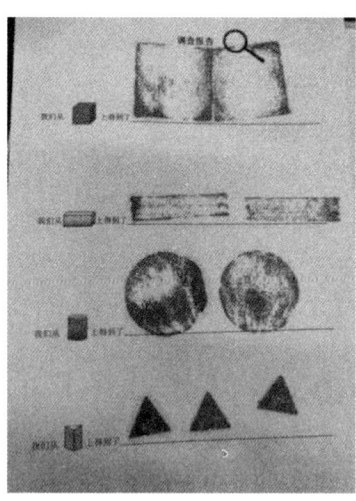

【思考】著名教育学家杜威提出了"做中学"的理论，认为知识的形成与内化离不开学生的自主探究与动手操作。根据找出偷瓜贼这一情境，学生自主探索将立体图形的脚印留在纸上作为证据的方法，并与同桌合作实施调查。学生在动手操作和交流中认识了平面图形，并且充分感知了"面"在"体"上，同时还培养了学生操作能力、解决问题的能力以及合作意识。

（四）读中设辨，突破难点

师：通过刚才的调查，我们在立体图形上找到了这些平面图形的脚印。那到底谁是偷瓜贼呢？我们把调查报告发给球，听听它怎么说？

语音：长方体是我邀请来给西瓜浇过水的；正方体是我邀请来给西瓜施过肥的；圆柱体是我邀请来给西瓜捉过虫的；只有三棱柱，我并没有邀请它来过我的西瓜地。

师：小侦探们，你知道谁是偷瓜贼了吗？

生：三棱柱。

师：谁能说清楚道理谁就是真正的小神探。

生：因为球没有邀请三棱柱来过西瓜地，西瓜地里却留下了三角形的脚印。

【思考】低年级的学生喜欢通过活动学习知识，绘本设计中还要注意动静结合，给学生创设安静思考的环境，使其活跃思维、激活思维，从而达到对知识的内化和升华。因为静能思辨，知识学习少不了一个环节——静心思考、深入辨析，这不仅能让学生发现新问题，还能深化学生所学。

（五）读中生慧，全面育人

师：这时，三棱柱羞愧地低下了头，真诚地对着球说："对不起，我错了，你种的西瓜实在太香甜了，我一时没忍住就做了错事，我保证以后不会再这样了。"

师：三棱柱认识到了自己的错误，也真诚地道了歉，听听球怎么说。

语音：没关系，你能知错就改，就是好样的，我们一起照顾西瓜地。

师：是的，小朋友们，犯错不可怕，只要勇于承认，及时改错，就是好样的。

【思考】在人本主义的背景下，核心素养从把学生培养成提高生产力的工具的"工具性目标"，转变成通过学习使人在智力、情感、心理、身体等诸方面潜能和素质得以发展的"人本性目标"。国无德不兴，人无德不立，本课借助绘本故事，在主人翁球的引领下让孩子们不仅学到了知识，还明白了做人的道理：大度宽容，知错就改。

三、课后反思

数学绘本作为一种图文并茂的教学辅助手段，相较于文字性语言来说更具有情境性和直观性。因此，小学低段数学教师在教学过程中，可以将数学绘本的优势与儿童认知发展的特点相结合，将其合理巧妙地运用于课堂教学中。通过实践探索与思考我们发现，将数学知识融入生动有趣的故事情境中，以通俗易懂且有亲和力的儿童语言和大量直观形象的图片来呈现，并且将数学知识的学习和学生的情感体验相结合，这样既能让学生在轻松愉悦的氛围中学好知识，又能在思考探究、动手操作中发展能力，还能在故事中明白道理，获得良好的情感体验，真正达到了润物细无声的最高境界。

［综合实践课程案例 4］

基于项目式学习的语文戏剧教学设计

——以小学二年级上册《坐井观天》为例

贺绍莉　何　谨　乔　丽

项目式学习是促进学生深度学习，实现核心素养发展的重要途径。

语文戏剧教学，即将戏剧教育融入语文教学，这种融入遵循语文教学的一般规律，紧扣语文教学的"知识体系"，以"戏剧"为媒介，以"角色扮演"来带动，将儿童的学习过程放在"润物细无声"的情境中，学会用整个身体来学习，走向一种深度的学习方式。

基于项目式学习的语文戏剧教学，以真实的问题情境为驱动，引发学生持续探究，在合作反思中调整，在成果展示中提升，通过语文、戏剧融合的教学方式，打开视觉、听觉、触觉等感受器官，用整个身体来学习，从而获得学科素养的提升和能力的发展。

一、适宜项目式学习的语文戏剧选题

小学语文教材课文题材多样、内容丰富，并不是所有学习内容都适合用项目式学习方式，也不是所有课文都适合以戏剧教育的方式学习。就语文戏剧来看，至少需要满足以下几点：矛盾冲突比较集中、人物形象比较鲜明、有特定的场景。因此，教材中故事类文本、人物语言动作描写生动的片段，适合以戏剧教育的方式学习。《坐井观天》是寓言故事，根据《庄子·秋水》中的相关内容改写，课文以三次对话展开，通过简短而传神的对话，讲述了一个有趣且寓意深刻的故事，适合以戏剧教育的方式学习。再通过创设挑战性问题情境，结合学生生活实际，引发学生持续探究，在文本学习和戏剧表演过程中建构知识，获得解决问题的策略，并公开展示研究学习成果。

二、基于项目式学习的语文戏剧教学活动框架搭建

项目式学习是基于一个挑战性的真实难题，学习者以小组的形式，通过亲自制订计划、调研、查阅文献、收集资料、分析研究等活动，在一定的时间内解决一系列相互关联的问题，并将学习过程以产品的方式呈现出来的学习方式。基于项目式学习的语文戏剧教学活动框架搭建需要经历五个步骤：项目提出、项目分析、项目设计、项目执行以及项目评价。

1. 项目提出：梳理核心知识，提出驱动问题

梳理课文中的核心知识，形成本质性问题，再以学生感兴趣的问题激发学生的内驱力，积极参与到语文戏剧学习活动中。

2. 项目分析：学习文本知识，明确核心技能

针对驱动问题，激发学生主动思考需要学习哪些相关知识、获得什么资源，才能胜任角色扮演。

3. 项目设计：尝试分组分工，分步设计角色

为达成预设成果，进行目标分解。从读好对话、背诵对话，到扮演角色、创演角色，层层推进。

4. 项目执行：投入实践演练，及时反馈调整

按步骤逐步执行，获得策略，体验过程，并再发现再反馈，力图实现素养与能力的螺旋提升。

5. 项目评价：公开展示成果，评价总结提升

创设舞台情境，展示学生成果，以多元评价引导学生发现学习的意义，建构知识，获得成功与满足、思考与启迪。

三、基于项目式学习的语文戏剧设计实施过程

以《坐井观天》为例，我们以项目式学习方式开展了语文戏剧教学，探索了语文学习的新路径，让学生走向多元的学习体验之路，语文学习渠道多元化，语文学习资源多元化，学生成长收获多元化。

1. 项目前提：深入前端分析，确定学习目标

二年级的学生年龄小，常把部分当整体，"管中窥豹""一叶障目"的现象，常常会在他们的生活中发生。理解故事内容，把故事背后的道理和自己的生活联系起来对他们来说，有现实的指导意义。因此，在"初步体会课文讲述的道理"的单元目标下，结合学生朗读中角色对话的语气还不到位，缺乏一定的方法但又喜爱角色扮演的现状，确定本课时的目标，即体会角色的语言和内心想法，悟出寓言的道理。

2. 项目提出：创设问题情境，聚焦核心问题

情境：校园电视台小剧场招募《坐井观天》演员青蛙和小鸟。

核心问题：小鸟和青蛙的说法为什么不一样呢？

本质问题：怎样在对话中体会角色的内心想法？

一个好的驱动问题应该兼具趣味性和挑战性，它的提出需要激发学生的好奇心和进一步探究的兴趣。模拟一个真实场景的项目——招聘小演员项目的提出，激发了学生学习的兴趣，引导学生走入文本，再次阅读文本，进一步去了解角色对话，感受角色内心。通过回顾文本，聚焦问题：同一片天空，小鸟和青蛙说的却不一样，为什么呢？这个问题促使学生研读对话，探究角色。此问题指向学生的深度学习，学习提取文本的关键信息，对文本信息进行概括、分

析、综合，直抵角色内心，感悟寓言的深刻含义。

3. 项目分析设计：深入学习文本，获得认知策略

通过学习青蛙和小鸟的第一次对话，引导学生发现读好对话的三个策略：学习关注标点，读出语气；根据意思，读出重音；想象画面，做动作表情。三个对话朗读策略为学生小组学习后两次对话以及全文朗读和角色扮演提供了支持，学生开始尝试与同伴进行第二次、第三次对话以及全文的表演设计。学生不仅设计对话的语调、角色的表情动作，还要进行简单的道具准备。

4. 项目实施推进：角色分工演练，逐步深入角色

学生在练习、展示、评价中巩固学到的朗读对话策略，并通过戏剧表演进一步理解角色内心，引导学生通过想象或联想打开体会文中人物情感的途径，感受青蛙和小鸟看法不一致的原因，并在同伴合作中不断改进，进一步贴近文本，贴近角色。

5．项目成果展示：创设剧场实境，展示创造成果

项目成果的发布是项目式学习重要的一环。在成果发布环节，通过教室灯光、屏幕背景、教师语言，为学生创设剧场实境。学生研读文本学习到对话朗读策略，对角色语言进行创编，从文本表演到角色创演，表现出学生对角色有了深入的认识，对寓意有了清晰的了解，还能将其与生活中的一些现象联系起来。因此，在项目发布中，我们看到学生编演了青蛙跳出井口的情节，并和小鸟展开了第四次对话，体现了项目目标的落实。

项目成果发布，评选优秀演员、最有创意台词、最经典造型……在评价中，学生不再单纯地把自己作为读者，而是作为再创造者，从而推动阅读走向更高境界，读着读着、演着演着，自然而然地学会了语文，学懂了道理，开开心心地成为"独特的自己"。基于学科又超越学科，成就"更好的自己"。

四、基于项目式学习的语文戏剧教学反思与展望

项目式学习能够帮助学生理解不同学科的独特价值以及学科间的相互联系，帮助学生关注当下生活、融入现实生活，帮助学生生成核心素养，为成长奠定知识能力根基。基于项目式学习的语文戏剧教学设计，教师需要注意以下几点。

1．一个问题

基于项目学习的语文戏剧教学需要一个好的驱动问题，它应该兼具趣味性和挑战性，它的提出需要激发学生的好奇心和进一步探究的兴趣，让人一听就急切地想参与进来。

2．两点关注

关注全过程，而非仅关注成果。重视学生在实践过程中的态度、体验和获得的高阶认知策略。只有真实投入参与了全过程，学生才会意犹未尽，从心底

发出"再来一次"的强烈愿望。

关注"全人"，基于项目学习的语文戏剧教学需要学生打开身体，打开自己所有的感觉器官，通过听觉、知觉、身体四肢去学习、体验，因此要重视为学生提供表演的空间，重视环境的营造，甚至道具的采用。

[综合实践课程案例5]

晓黑板 App 支持下小学英语开放式口语学习研究（节选）

龚音姣　邓晓璐　蒋欣怡　王玉莹

一、基于教材整合梳理的学校开放式学习活动汇总表

结合"英语新课程标准"，教师系统地、全面地分析了教材（一年级到四年级人教 SL 版，五、六年级北师大先锋英语），根据教材编写内容，依据新课程提出的学科整合目标，并结合学生生活实际，我们梳理了教材每册知识内容，设计了涵盖教材知识点的整合性活动，以综合运用为主，让学生带着兴趣，在自主探索中有效作业，促进自我发展。

年段	教材内容梳理	集中学习	活动项目	目的
一年级下册	Unit 1 Classroom Unit 2 Room Unit 3 Toys Unit 4 Food Unit 5 Drink Unit 6 Clothes	（1）学习单词：light desk bed chair gift （2）学习句型：Where is the...? It's in/on/under...	课本剧 gift 表演活动	（1）能够在具体的语境中灵活运用。（2）能够激活已学知识，描述物品放置的位置。（3）能促进每个孩子的语言发展，提高表达能力
二年级上册	Unit 1 My Family Unit 2 Boys and Girls Unit 3 My Friends Unit 4 In the Community Unit 5 In the Park Unit 6 Happy Birthday	（1）学习单词：sister brother grandmother mother grandfather father family （2）学习句型：This is my family. This is my grandpa.	My family 介绍活动	（1）能够在具体的语境中灵活运用。（2）能够激活已学知识，综合介绍关于个人的信息。（3）能促进每个孩子的语言发展，提高表达能力

续表

二年级下册	Unit 1 Playtime Unit 2 Weather Unit 3 Seasons Unit 4 Time Unit 5 My Day Unit 6 My Week	(1) 学习如何简单地介绍人物和物品。 (2) 学习用 "His/Her name is.... She is a girl. /He is a boy. What does he/she/it look like? He/She/It is tall/short/big/small/pretty/handsome. I like she/he/it because..."等句式来介绍人物和物品	介绍自己喜爱的朋友	(1) 通过介绍自己喜爱的人物和物品，学生能把所学和实际生活联系起来，体会在生活里原来可以这样使用学过的英语语言。 (2) 通过介绍自己喜爱的人物和物品，孩子们能体会生活的乐趣和幸福，通过介绍物品的来源，孩子们还能体会亲情和友情的温暖并发自内心地感恩
三年级上册	Unit 1 Myself Unit 2 My Body Unit 3 Food Unit 4 Pets Unit 5 Clothes Unit 6 Birthdays	(1) 学习制作三明治需要的材料的词汇。 (2) 运用 "Put...on..."来介绍制作步骤	给家人制作一份早餐——三明治或蛋糕	(1) 通过边制作三明治边解说三明治，学生能更明确语言的使用情景，学以致用。 (2) 通过调查家人喜欢什么口味的三明治并制作出来，渗透培养学生对家人的关心和爱护。 除制作三明治外，学生可以制作其他的早餐，如蛋糕
三年级下册	Unit 1 School Subject Unit 2 My School Unit 3 After School Unit 4 My family Unit 5 Family Activities Unit 6 My Home	(1) 掌握贺卡的书写格式。 (2) 运用 "She has... eyes and... hair. She is tall/short...."介绍人物外貌，"She is wearing..."来描述人物穿着等	母亲节礼物——贺卡或其他自制物品	(1) 通过制作贺卡、书写祝福语言，学生能掌握贺卡书写格式。 (2) 口语视频录制，锻炼学生口语表达能力。学生能在实际运用中，感受到英语的实用性。 (3) 通过母亲节送自制礼物，渗透培养学生对妈妈的关心和感恩

四年级上册	Unit 1 Sports and Games Unit 2 On the Weekend Unit 3 Transportation Unit 4 Asking for Help Unit 5 Safety Unit 6 Jobs	（1）学习如何简单描述自己的周末活动。 （2）运用"I often...（go to a drawing club/go to the cinema/...）. It's fun/interesting. I can go there by... I need... I like... because.... I... once/twice a week."等句式来介绍自己的周末活动	介绍自己的周末活动	（1）通过介绍自己的一次周末活动，学生能更明确语言的使用情境，学以致用。 （2）对周末活动的介绍涉及学生闲暇时光的安排，可以帮助孩子们思考怎样让周末生活更有意义，思考通过喜爱的活动自己的身心收获了什么
四年级下册	Unit 1 My Neighbourhood Uni 2 Cities Unit 3 Travel Plans Unit 4 Hobbies Unit 5 Free Time Unit 6 Countries	（1）学习如何简单地表达自己的想法和计划。 （2）学习如何去一个地方及在那里能做什么。 （3）运用"I want to go.... I can see.... there. I can do.... there. I can go there by...."等句式来介绍自己的周末活动	暑假旅行计划活动	（1）通过介绍自己和家人的暑期旅行计划，学生能更好地在实际情境中运用英语表达。 （2）通过对暑期旅行计划的介绍，孩子能思考怎样才能度过一个既开心又有收获的暑假，体会"读万卷书，行万里路"的意义。 （3）通过交流、分享，孩子们能体会各自多姿多彩的暑假生活
五年级上册	Unit 1 Ann's Dream Unit 2 Mocky's Bad Day Unit 3 School Sports Day Unit 4 Mocky's Birthday Unit 5 I'm Taller Unit 6 Review	（1）学习如何介绍某人的基本信息。 （2）运用"He/She teaches.... He/She is popular... / tall.... He/She has.... He/She likes.... He/She is good at.... His/Her hobby is...."来介绍人物特征	我最喜爱的教师	（1）通过录制视频介绍最喜爱的教师，学生能更明确语言的使用情景，学以致用。 （2）通过调查教师的爱好、特长等，渗透培养学生对教师的关心

五年级下册	Unit 1 Mocky's Trip Unit 2 The Concert Unit 3 A Football Game Unit 4 Buying a Book Unit 5 Cooking with Mocky Unit 6 Revision	（1）了解学习足球运动相关的体育用语。 （2）通过阅读理解故事内容，学习讨论去看比赛要思考的内容，如： When is the game? Where is the game? How can we go? How much is the ticket? Do we have enough money?	谈论看体育比赛	（1）通过讨论观看足球比赛（时间、地点、票价、怎么去），学生能更明确语言的使用情景，学以致用。 （2）培养对体育运动的兴趣和爱好，养成文明观看比赛的意识。 （3）除了谈论观看足球比赛，还可以谈论其他体育比赛
六年级上册	Unit 1 Meeting the BINGO Kids Unit 2 Charlie's Chores Unit 3 Redrock Bay Sports Club Unit 4 Choosing a Gift Unit 5 The Broken Computer Unit 6 Revision	（1）了解礼物的英语用语。 （2）在阅读故事的过程中，学习故事中的人物选礼物时做了哪些思考。 （3）在与同伴的交流中总结，表达自己为他人选择礼物时会做出哪些思考	为朋友选一份生日礼物	（1）为朋友选礼物是生活中经常遇到的问题。在选择礼物的过程中应该思考些什么呢？让学生通过讨论、思考，总结如何选择礼物，学生能更明确语言的使用情景，学以致用。 （2）在买礼物的过程中，学会为他人着想
六年级下册	Unit 1 Mountain Bike Race Unit 2 In the Emergency Room Unit 3 Life in the Future 2050 Unit 4 Revision 1 Unit 5 Revision 2 Unit 6 Revision 3	（1）学习一般将来时态 will、will not，讨论未来的生活，表达将来会发生的事情。 （2）通过阅读理解故事内容，了解相关词汇。 （3）能使用"I think.... Yes, I think so. No, I don't think so."来表达自己的观点	讨论未来的生活	（1）学生对预测未来生活的变化有很大的兴趣。能够用"There will be...The computers will...People will..."来讨论预测。 （2）在预测未来生活的过程中，学会正确表达自己的观点。对于他人的观点，学生能够文明地有礼貌地表达赞同或不赞同

二、App 支持下开放式口语学习的模式

（一）晓黑板 App 支持下的小学英语开放式口语学习探究模式

结合英语新课标要求，以及小学生心理认知规律，聚焦英语学科的核心素养等因素，构建了移动学习背景下"晓黑板"App 支持的小学英语开放式口语学习探究模式，如图 3-1 所示。该模式主要由录制前准备、录制中、录制

后三个模块，"创建'晓黑板'班级，搭建开放式学习平台""活动任务发布""录制视频""学习成果展示，开放式点评"四部分组成。

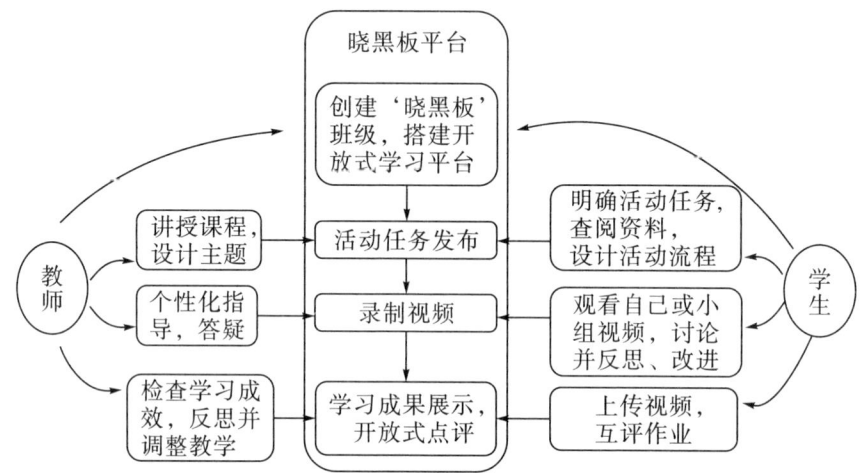

图 3-1　移动学习背景下"晓黑板"App 支持的小学英语开放式口语学习模式

1. 录制前准备

（1）创建"晓黑板"班级，搭建开放式学习平台。这需要教师和家长沟通，取得家长的支持。家长帮助学生下载 App 并注册加入所在班级。教师还可以通过建讨论组的形式将学生分组。

（2）教师——活动任务的发布。在校学习期间，是学生达成全体性基础学习的主要过程。课堂教学中，教师应利用课堂教学，确保每个学生掌握了基础的口语语言表达。课后，教师通过"晓黑板"App 发布开放式的口语学习活动。口语活动任务的内容应该是与学生生活实际密切相关，能充分调动学生的参与性，能帮助学生在开放式口语活动项目的驱动下，自主整合并运用英语学科内或跨学科的相关知识，能通过实践操作或是讨论交流等多感官体验，最终能借助英语语言的媒介完成一个任务，如制作一个模型、给家人做一份早餐、送给朋友一份生日礼物等，并通过录制视频展示开放式口语学习的过程。口语活动任务的难度应综合考虑学生年段和所教班级的特点等因素。

（3）学生——明确活动任务，查阅资料，设计活动流程。学生通过 App 接收到开放式口语学习活动任务，明确活动任务的内容、具体要求。有需要表达的文化背景知识、疑难生词、句型等则需要通过查阅资料解决困难。查阅资料不局限于查单词和网络查询。学生应通过解读活动任务，设计出活动流程。如这项开放式口语活动中需要一人还是多人，活动地点是在家里还是在其他场所，需不需要准备道具布景，开放式口语表达属于描述性的语言还是交际讨论性的语言，在口语交际中具体会讨论哪些方面，学生小组设计过程中谁先说、谁后说等。

2. 录制中个性化指导，答疑

学生录制的开放式口语表达视频是学生自己想表达的真实情况。在真实的情景创设和运用下，学生非常乐意录制视频。学生录制视频具有可操作的重复性。学生通过观看自己或小组的口语视频，能发现有误的、遗漏的，或是需要改进的地方。教师在学生录制中，可以通过"晓黑板"App 进行个性化的指导，如情节上的创新、语言上的改进等。学生有疑问或困难时，都可以和教师在 App 上开展讨论，获得及时的帮助。

3. 录制后开放式交流，点评

学生活动：学生个人或小组录制了一个或者多个版本的开放式口语视频，选择最满意的口语视频上传到"晓黑板"App。以学生为单位或是小组为单位进行自评、互相学习和点评。

教师活动：通过"晓黑板"App 平台，教师能对学生的口语表达有整体性和个体性的了解。教师对学生或小组进行点评交流后，能从中选择优质的表达视频进行全年级的共享学习，这能极大地激励学生的英语学习。

从以上案例不难看出，学科＋综合实践课程就是依托学科知识，使学生在真实的情境中、在综合实践中加以应用，进而培养学生的应用意识和实践创新能力，培养学生高阶思维的能力。在实践探索中，学科知识如何更好地融入综合实践活动中？学科间知识的关联性、学科知识与实践活动的关联性如何体现？教师如何收集、设计好的主题活动？这样的问题一直是我们探究的重点并得到了进一步的解决。

三、跨学科的综合实践课程

跨学科综合实践课程是主体活动经验本位的综合实践课程。跨学科综合实践学习课程聚焦学生真实的生活经验和发展需求，通过主体积极主动的活动，构建源于生活而又高于生活的综合实践学科课程体系，形成以学生活动经验、发展需求为中心的课程形态。

基于大生活理念，我们将跨学科综合实践学习划分为社区生活课程、社会生活课程以及实境课程。在社区生活圈中，将科学、信息技术等学科与社区真实需要相联系，开发了海绵社区课程，以生物、雨水土壤等为主题进行环保的跨学科探索。在社会生活中，以学生的切实感受和需要开发了"解决小区停车难问题"。在实境课程领域，按照地域划分为成都、四川以及中国三大板块。其中，成都有以"丝绸之路"为主题的桌游设计课程等。

[综合实践课程案例 1]

海绵城市理念下的营造海绵社区策略研究

基本信息	学校名称	成师附小万科分校
	授课对象	五年级学生
	课程名称	超学科课程
	授课题目	海绵城市理念下的营造海绵社区策略研究
	授课教师	刘智勇
教材理解	知识的来源与产生	面对当前日益加剧的气候变化以及快速发展的城市化进程，必然要运用新的建设理念来改善当前中国众多城市缺水、水污染、雾霾等生态环境问题
	事物的本质与规律	通过营造海绵社区的策略研究，引导学生认识到世界是普遍联系和相互依存的
	学科的方法与思想	（1）文献综述。 （2）网络调查分析。 （3）实地考察。 （4）创新思维、问题解决思想
	知识的关系与结构	采用 STEAM 教育的相关课程模式来设计课程
	知识的作用与价值	（1）趣味性：把多学科知识融于有趣、具有挑战性、与学生生活相关的问题中。 （2）体验性：提供学生动手做的学习体验。 （3）情境性：结合生活中有趣、具有挑战性的问题，通过学生的问题解决完成教学。 （4）协作性：在完成任务的过程中，学生与他人交流和讨论

续表

学情分析	前理解 （先见、先知和先验）	对城市内涝、雾霾等问题有亲身体验。 具备初步的文献及数据收集、整理、分析能力。 能用图文表达自己的思考。 对环保概念有一定认知
	困难处 （认知障碍）	海绵城市是什么？ 我的社区是什么样的？ 社区生物在哪里？ 社区里的地表情况怎么样？ 活水公园的建设原理是什么？
	触发点 （新奇处、困惑处、 共鸣处或挑战处）	海绵城市是什么样的？ 共鸣处：城市缺水、水污染、雾霾等生态环境问题给人们带来烦恼。 困惑处：如何实现将以物质水泥为主导的社区转化为生态可持续的海绵社区？ 挑战处：撰写将自己社区改造为海绵社区的研究报告
	关节点 （重点点拨的地方）	学习文献综述方法，认知课题涉及相关概念。 学习以网络调查方式统计分析海绵城市理念下社区目前存在的生态环境问题。 学习实地考察方式，对自己居住的社区进行"生物大搜索"，绘制社区地图，并将社区内的生物名称、种类、位置等信息进行标注。 以视频、音频、图片、文字等形式围绕"蚯蚓的日记"展开关于土壤的科学知识介绍并进行课堂讨论。 实地考察：展示活水公园水净化基本原理，撰写研究报告
	发展区 （可能的提升空间）	掌握文献综述、网络调查分析、实地考察等课题研究方法。 通过调研社区生物的形态结构与环境，体会到生物与环境是密切相关的。 从土壤生态系统角度观察和探究孕育生命的土壤，掌握海绵城市地表透水的重要性。 通过实地考察活水公园项目，理解水资源利用的基本理论、技术以及达到的环境效应，认识到生命离不开水，在处理有关社区水利问题时，要综合考虑人与自然的关系，发挥水的效益
项目名称	海绵城市理念下的营造海绵社区策略研究	

续表

项目描述	Thing（事情）	近年来，中国的城镇化水平快速提高，与之相伴的是城市基础设施落后、城市发展的环境问题日益凸显。每逢夏季，"到某某城市来看海"的新闻频繁出现。到了冬季，空气污染也逐渐加重，雾霾天气随之产生
	Problem（问题）	海绵城市理念下"海绵社区"营造的策略是什么？
	Works（作品）	海绵社区的营造方案
核心目标	核心素养	人文底蕴、国家认同、实践创新
	具体表现 · Know（知道什么）	知道海绵城市的定义。知道社区的定义。知道社区常见动植物习性。知道土壤的主要成分及功能。知道活水公园作为水资源利用的方式之一，是目前世界上比较流行的水的自然管理设施，也是"海绵社区"建设中切实可行的有效手段之一
	Understand（理解什么）	理解海绵城市的含义。理解社区的含义。理解生物相互生存的关系。理解适宜生命生存的土壤特性。理解活水公园是通过植物、土壤以及微生物的作用去除非渗透铺面雨水径流中的污染物，达到控制雨水径流量和净化水质目标的原理
	Do（能够做出什么）	撰写海绵城市理念下海绵社区营造的策略研究报告。撰写将自己社区改造为海绵社区的建设方案
	Be（希望成为什么）	从新的角度来认识家庭、认识社区，针对城市内涝、雾霾等环境问题开展学习，通过研究"海绵社区"营造策略与撰写自己社区的改造方案，进一步树立自己是社区建设小公民的意识
核心知识	大概念	世界是普遍联系和相互依存的命运共同体
	核心概念	海绵城市　生态平衡

活动过程	明确事项—界定问题	通过回顾城市面临的内涝、雾霾等环境问题，展开网络调查，聚焦海绵社区营造的策略研究问题，进而解决城市生态发展问题
	探究问题—提出创意	小组汇报自己的文献综述及实地调查数据分析，并展开相互交流，探讨营造海绵社区的策略
	论证创意—形成框架	在文献综述与实地调查数据分析的基础上，引导学生归纳分析，自己的社区在海绵城市理念下存在什么问题？怎样改进？建构出"世界是普遍联系和相互依存的命运共同体"的大概念
	产生作品—展现互动	通过撰写自己社区在海绵城市理念下的改造方案，进一步拓展应用海绵社区营造策略，并反思自己在保护生态环境方面的举措与不足
辅助工具	工具1	设计思维
	工具2	思维导图、问卷调查表

	维度	标准	结果
学习评价	作品质量	内容维度：海绵社区设计方案合理可行，有一定创新性。 形式维度：能用多种形式展示设计方案	
	作品展示	表达力	
		表现力	
	学习过程	问题意识	
		自主学习	
		合作交流	
	学习结果	Know： 知道海绵城市的定义。 知道社区的定义。 知道社区常见动植物习性。 知道土壤的主要成分及功能。 知道活水公园作为水资源利用的方式之一，是目前世界上比较流行的水的自然管理设施，也是"海绵社区"建设中切实可行的有效手段之一	

续表

学习评价	学习结果	Understand： 理解海绵城市的含义。 理解社区的含义。 理解生物相互生存的关系。 理解适宜生命生存的土壤特性。 理解活水公园是通过植物、土壤以及微生物的作用去除非渗透铺面雨水径流中的污染物，达到控制雨水径流量和净化水质目标的原理	
		Do： 撰写海绵城市理念下海绵社区营造的策略研究报告。 撰写将自己社区改造为海绵社区的建设方案	
		Be： 从新的角度来认识家庭、认识社区，针对城市内涝、雾霾等环境问题开展学习，通过研究"海绵社区"营造策略与撰写自己社区的改造方案，进一步树立自己是社区建设小公民的意识	

[综合实践课程案例 2]

"万科城市花园小区停车难"问题的解决

基本信息	学校名称	成师附小万科分校
	授课对象	四年级五班
	课程名称	综合实践
	授课题目	"万科城市花园小区停车难"问题的解决
	授课教师	邓静怡、李青、文陈平、易娜
教材理解	知识的来源与产生	（1）基于学校所在社区存在的停车难问题及其产生原因，进行停车创意产品的设计，包括设计方案、设计图纸、产品原型等。 （2）由于用户不同，对产品的需求有差异，正是有了这种差异，才需要调查问卷的设计、实施和数据的统计、分析
	事物的本质与规律	（1）设计思维是一种思维方式，能创造性地解决真实存在的问题。 （2）解决问题的过程能提升"提出和聚焦问题、制定和实施调查、分析和阐释数据、设计和制作原型、根据证据进行论证、评估和表达"等实践能力
	学科的方法与思想	设计思维、调查分析、论证优化、评估表达
	知识的关系与结构	设计思维的概念和基本步骤

续表

教材理解	知识的作用与价值	（1）搭建模型，培养科技素养和动手操作能力。 （2）参与社会性议题，提升公民意识与责任感
学情分析	前理解 （先见、先知和先验）	（1）对小汽车、车位、小区停车情况已有基本了解。 （2）四年级学生已具备清楚、完整地进行表达的能力。 （3）能绘制平面图形
	困难处 （认知障碍）	在项目设计中，难以实现创意性、实效性和合理性的平衡
	触发点 （新奇处、困惑处、 共鸣处或挑战处）	（1）新奇处：对设计并制作产品来解决小区真实存在的停车难问题充满好奇。 （2）共鸣处：作为社区居民，对小区生活的困难和解决方案有切身体验和共同动力。 （3）挑战处：如何将无限创意制作成产品原型，实现创意性、实效性和合理性的平衡？
	关节点 （重点点拨的地方）	（1）问卷调查后，引导学生利用数据统计和分析的方法，确立研究主题。 （2）头脑风暴后，引导学生运用聚合思维来对各种创意进行分类和价值衡量，做出最佳选择。 （3）引导学生制订评价量规，对作品及学习过程进行评价，促进调整和优化
	发展区 （现实水平— 潜在水平）	现实水平：能从现实中提取数据并分析阐释数据。 潜在水平：将设计思维运用到现实生活中，学会像设计师一样创造性地解决生活中出现的问题
项目名称		解决"万科城市花园小区停车难"问题
项目描述	Thing（事情）	成师附小万科分校是万科城市花园小区的配套小学，学生作为小区居民，对小区私家车的数量与车位不成正比、停车难问题有切身感受。"解决'万科城市花园小区停车难'"这个话题进入学生日常的讨论范围，这是一个基于学生真实生活的、他们感兴趣的研究课题
	Problem（问题）	如何解决"万科城市花园小区停车难"的问题
	Works（作品）	停车方案、未来车位设计、绿色出行方案

核心目标		核心素养	基于调查的换位思考意识，数据分析和阐释，创意设计和表达
	具体表现	Know（知道什么）	（1）汽车、车位的构造及作用。 （2）调查问卷的设计、实施、统计和分析方法。 （3）设计图的绘制方法，设计图形和原型之间的关系及实现方式
		Understand（理解什么）	（1）问卷调查的作用和价值，内化为一种以需求为导向进行换位思考的思维方式。 （2）数据的统计与分析在生活中的作用与价值。 （3）"设计思维"如何进行创意设计，优化选择，论证调整，评估表述
		Do（能够做出什么）	（1）能进行调查问卷的设计、实施和数据分析。 （2）能进行方案、图纸和原型的设计，并不断论证优化设计方案。 （3）能简洁、清晰、富有感染力地介绍产品
		Be（希望成为什么）	（1）成为具有设计思维的问题解决者。 （2）成为具有主人翁意识的小公民
核心知识	大概念		合理、创新与优化
	核心概念		信息收集与分析、数据处理与运用、设计思维
活动过程	明确事项—界定问题		自主设计调查问卷，调查小区生活现状与不足，了解居民生活需求。 对调查数据进行统计梳理，在众多问题中聚焦解决小区停车难问题
	探究问题—提出创意		小组头脑风暴，畅所欲言，形成与众不同的设计创意，创建充满无限可能的创意宝库
	论证创意—形成框架		（1）同伴评议。思考需求和技术之间的关系，讨论设计的合理性，进行价值衡量，优化设计，做出最佳选择。 （2）撰写设计方案。学习设计方案的撰写方法，形成设计方案

活动过程	产生作品—展现互动	（1）绘制设计图纸。绘制设计草图，评议并提出质疑，促进方案改进，在校内外导师的指导下，论证修改设计图纸。 （2）制作设计原型。根据设计图纸，尝试不同的材料，将具有蓝图性质的设计图纸转换成物化的模型，评议质疑，发现存在的问题，进行调整改进。 （3）创意停车成果发布会。进行产品的介绍演示与推销，邀请汽车设计、车位设计、模型搭建的专业团队共同参与。在展示会中记录他人意见和观点，撰写反思笔记	
辅助工具	工具1	调查问卷	
	工具2	思维导图	
	工具3	数据统计图	
学习评价	维度	标准	结果
	作品质量	内容维度：数据统计准确；调查结果呈现直观；方案兼顾创意性、实效性和合理性。 形式维度：图纸清晰直观；产品创意美观；语言流畅，富有感染力	
	作品展示	表达力	
		表现力	
	学习过程	问题意识	
		自主学习	
		合作交流	
	学习结果	Know： （1）汽车、车位的构造及作用。 （2）调查问卷的设计、实施、统计和分析方法。 （3）设计图的绘制方法，设计图形和原型之间的关系及实现方式	
		Understand： （1）问卷调查的作用和价值，内化为一种以需求为导向进行换位思考的思维方式。 （2）数据的统计与分析在生活中的作用与价值。 （3）"设计思维"如何进行创意设计，优化选择，论证调整，评估表述	
		Do： （1）能进行调查问卷的设计、实施和数据分析。 （2）能进行方案、图纸和原型的设计，并不断论证优化设计方案。 （3）能简洁、清晰、富有感染力地介绍产品	
		Be： （1）成为具有设计思维的问题解决者。 （2）成为具有主人翁意识的小公民	

[综合实践课程案例 3]

"丝绸之路"游戏的设计与制作

基本信息	学校名称	成师附小万科分校
	授课对象	六年级学生
	课程名称	超学科课程——"丝绸之路"
	授课题目	"丝绸之路"游戏的设计与制作
	授课教师	李青
教材理解	知识的来源与产生	丝绸之路源于西汉时期，是以长安（今西安）为起点，途经甘肃、青海、新疆，横贯中亚、西亚，并连接到地中海各国的陆上通道，它承载着中国丰富的历史文化底蕴，见证了中西文化交流的历史变迁，是学生了解各种地理风貌、体验不同风土人情、感受历史演变的绝佳之地
	事物的本质与规律	丝绸之路是连接亚欧大陆的古代东西方文明的交汇之路
	学科的方法与思想	（1）文化理解与传承的方法。 （2）项目设计方法、数据收集与分析方法。 （3）创新思维、问题解决思想
	知识的关系与结构	（1）横跨"亚非欧"的自然、环境、人文的"丝绸之路"地理横轴；纵贯历史两千多年的社会变迁、科技商业发展的"丝绸之路"发展纵轴，是中国传统文化的一部分。 （2）项目策划与实施是弘扬传统文化的一种实践方式
	知识的作用与价值	弘扬传承传统文化，激发民族自信

学情分析	前理解 （先见、先知和先验）	（1）丝绸之路：已学习语文《丝绸之路》《莫高窟》以及《出塞》《塞下曲》等部分边塞诗；美术《敦煌壁画》《中西方美术作品对比》鉴赏；科学《环境与生物》的关系等学科内单篇课文和内容。 （2）游戏设计与制作：经过"停车位"和"进校路线"设计项目，学生具有一定的项目产品、平面设计以及产品模型制作、产品推广的能力
	困难处 （认知障碍）	（1）学生对丝绸之路的古今作用和意义比较难理解。 （2）如何自主规划项目、设计主题产品，如何统整资源
	触发点 （新奇处、困惑处、共鸣处或挑战处）	（1）新奇处：学生生活、书本和实地考察研究的统一，触摸自己生活中的"丝绸之路"元素，与时间和空间对话。 （2）挑战处：设计一款专属自己的游戏
	关节点 （重点点拨的地方）	（1）丝绸之路在中西方文化、物资交流中的作用。 （2）将"丝绸之路"的人文、艺术、科学、技术等众多知识点体系地融入游戏的设计中，并进行设计制作
	发展区 （可能的提升空间）	（1）追溯与推测丝绸之路的历史线索。 （2）能统筹资源、合理资源架构，策划设计主题产品项目，制订项目实施推进书。 （3）能将设计思维运用到现实生活中，学会像设计师一样创造性地解决生活中出现的问题，理解市场调查、问卷调查的方法，学习换位思考，形成同理心，树立"合理"意识，学会整合资源，优化选择
项目名称		"丝绸之路"游戏的设计与制作
项目描述	Thing（事情）	尝试用项目式学习的方式，让学生兴趣盎然地在广度和深度上都对"丝绸之路"进行研究
	Problem（问题）	如何设计并制作一款"丝绸之路"主题游戏？
	Works（作品）	"丝绸之路"主题游戏

续表

核心目标	具体表现	核心素养	人文底蕴、国家认同、实践创新
		Know（知道什么）	（1）知道丝绸之路的人文科学、历史、宗教、文学、历史人物、艺术、音乐、艺术工艺品、科学、地理、生物、技术、数学等基本知识。 （2）知道游戏的种类和方式。 （3）知道项目设计和制作的基本流程。 （4）知道项目设计前需要市场调查和调查问卷设计、实施和统计分析
		Understand（理解什么）	（1）理解丝绸之路上不同人文相互交流影响、共同发展。 （2）理解丝绸之路上艺术的差异以及在文化上的交融。 （3）理解项目的设计规划步骤、如何选用整合资源、如何科学分工。 （4）理解市场调查、问卷调查的作用和价值，理解数据的统计与分析在生活中的作用与价值。 （5）理解"设计思维"如何进行创意设计，优化选择，论证调整，评估表述
		Do（能够做出什么）	（1）能通过历史、人文、地理、技术等进行文化理解。 （2）能制订基于目标的统整、推进计划，并进而实施。 （3）能做出"丝绸之路"主题游戏，并进行推荐
		Be（希望成为什么）	（1）能成为传统文化浸润和传递的民族文化传承者。 （2）能成为设计实施的构建、领导决策者、推进者。 （3）具有换位思考和同理心意识的主题设计师
核心知识	大概念		文化理解与传承
	核心概念		文化独特性；文化理解；文化传承；项目设计与实施、信息收集与分析；数据处理与运用；实践与创新

活动过程	明确事项—界定问题	以毕业礼物为驱动，以桌面游戏为触发，引导孩子们设计制作一系列以某种文化为背景的桌面游戏作为毕业礼物送给母校。通过市场调查、问卷调查等方式，以及"丝绸之路"相关知识的积累，统计梳理，开展"头脑风暴"，聚焦问题"怎样设计一款以丝绸之路为主题的游戏"
	探究问题—提出创意	整合通过学习和查阅、收集的人文、科学、艺术、技术、数学等相关领域资料，结合实地考察所积累、感受的主观、客观的丝绸之路文化，在基于 SWOT 分析法下的自由组合分工的项目组中进行小组头脑风暴，畅所欲言，形成与众不同的设计创意
	论证创意—形成框架	团队合作，思考需求和主题、技术之间的关系，研讨实施创新设计的合理性，进行价值衡量，优化设计，做出最佳选择，生成设计的主题、内容及实施目标。根据创新设计项目目标撰写设计方案，形成设计方案，根据设计创意及时间节点，自主建构与优化设计方案、计划
	产生作品—展现互动	（1）绘制设计图纸。绘制设计草图，组内、组间进行评议，提出质疑，以问题促进方案的改进，同时在校内、校外导师的指导下，对设计图纸进行论证修改。 （2）制作设计原型。根据设计图纸，选择不同的材料进行尝试，将之前具有蓝图性质的设计图纸转换成物化的产品。同伴评议，通过交流碰撞，评议质疑，发现存在的问题，进行调整改进。 （3）创意产品成果发布会。学生带着自己的产品以及自己设计的产品展板，向大家进行产品的介绍与演示推销。同时邀请产品市场的对象——家长、学校同学、社区同伴共同参与。在展示会中记录他人意见和观点，撰写反思笔记
辅助工具	工具 1	金字塔原理
	工具 2	思维导图、问卷调查表

	维度	标准	结果
学习评价	作品质量	（1）内容维度：准确体现主观、客观的丝绸之路文化。 （2）形式维度：体现游戏的趣味性	
	作品展示	表达力	
		表现力	
	学习过程	问题意识	
		自主学习	
		合作交流	
	学习结果	Know： （1）知道丝绸之路的人文科学、历史、宗教、文学、历史人物、艺术、音乐、艺术工艺品、科学、地理、生物、技术、数学等基本知识。 （2）知道游戏的种类和方式。 （3）知道项目设计和制作的基本流程。 （4）知道项目设计前需要市场调查和调查问卷设计、实施和统计分析	
		Understand： （1）理解丝绸之路上不同人文相互交流影响、共同发展。 （2）理解丝绸之路上艺术的差异以及在文化上的交融。 （3）理解项目的设计规划步骤、如何选用整合资源、如何科学分工。 （4）理解市场调查、问卷调查的作用和价值，理解数据的统计与分析在生活中的作用与价值。 （5）理解"设计思维"如何进行创意设计，优化选择，论证调整，评估表述	
		Do： （1）能通过历史、人文、地理、技术等进行文化理解。 （2）能制订基于目标的统整、推进计划，并进而实施。 （3）能做出"丝绸之路"主题游戏，并进行推荐	
		Be： （1）能成为传统文化浸润和传递的民族文化传承者。 （2）能成为设计实施的构建、领导决策者、推进者。 （3）具有换位思考和同理心意识的主题设计师	

［综合实践课程案例 4］

未来学校

基本信息	学校名称	成师附小万科分校
	授课对象	六年级学生
	课程名称	未来学校
	授课题目	未来学校模型设计与制作
	授课教师	巫智丹
教材理解	知识的来源与产生	设计思维是由硅谷科技公司发起，之后在全球各领域包括中小学流行开来的一种创造力培养方法，它通过同理心、头脑风暴、绘制设计图、制作原型、反复测试，最终呈现自己的产品。校园生活与学生息息相关，从改造学校这个点切入，容易引起学生的共鸣，强化学生的参与感。利用设计思维这种方法，选择未来学校这个项目，使每个学生都成为一名"设计师"，建构起受用一生的思维模式并促进其品格、意志和多种能力的全面发展
	事物的本质与规律	（1）每个人都是参与者：每个人都应该为整个项目做贡献。不同的孩子根据自己的特长贡献不同的知识。 （2）挑战：在项目进行过程中，挑战是持续的，让每个学生以接受挑战的方式完成任务，学习资源并非唾手可得，需要学生自己去寻找发现。 （3）做中学：学习是体验式的，学习与真实世界息息相关。 （4）即时和持续的反馈：学生能够得到关于他们的阶段性成果完成情况评价和下一阶段目标的持续性反馈。 （5）失败被定义为"迭代"：教师和学生拥有通过失败进行学习的机会。项目作品制作过程，就是不断迭代的过程。 （6）事物的关联性：学生有舞台与他人分享作品、知识和技能。 （7）类似玩的感觉：学习体验是以学生为中心的、有趣的，并且能支持学生探究与创造
	学科的方法与思想	（1）项目设计方法，数据收集与分析方法。 （2）创新思维、问题解决思想
	知识的关系与结构	在问题当中进行整合，让学生学会像数学家、设计师那样通盘地考虑如何解决问题。我们需要打破单学科教学的壁垒，为学生提供真正意义上的现实学习环境和载体，在解决问题的过程中全面发展学生的综合素养
	知识的作用与价值	让学生意识到项目制学习中必须具备的合作品质和持续学习的毅力的重要性

学情分析	前理解 （先见、先知 和先验）	在前期项目制学习中，运用了全景平台的分享圈、小组和问答功能。使用分享圈，学生可以把在学习过程中拍的照片和视频分享到平台上，留存资料。使用小组功能，可以对全班进行分组，分组中发布形式多样的任务（可以是文字、视频、图片、录音或者 Office 文档等），学生根据任务一步一步完成项目
	困难处 （认知障碍）	制作原型环节会遇到跨学科的各种问题，需要各科教师的支持。在团队合作过程中，注意整个团队的管理问题
	触发点 （新奇处、 困惑处、 共鸣处或 挑战处）	（1）共鸣处：可以通过全景平台的问答功能，学生在遇到困难时，不仅可以发布问题，这些问题还可以以各种形式发布，文字、视频、音频均可，这不仅极大地方便了学生对问题的阐述，还让其余科目的教师可以利用课余时间帮助学生，而不必一定在课堂上。 （2）新奇处：小组功能，帮助学生对整个团队进行管理，组长不仅可以发布任务，还可以查看组员任务完成情况，以及每个组员完成了多少次任务，记录了小组的整个项目完成过程
	关节点 （重点点拨 的地方）	（1）同理心环节，在选择痛点问题时，仅仅基于用户需求，没有结合自身兴趣，造成后期对项目难以持续。 （2）头脑风暴环节，不够细致深入，造成后期项目创意不足，甚至只是简单地将生活中的一些场所搬到学校。 （3）原型制作环节，资料查找后，不阅读、不筛选。 （4）团队合作，缺乏长期团队合作的技巧和方法
	发展区 （可能的 提升空间）	（1）提供更多基础技能学习支持。 （2）寻找项目学习资源，帮助学生理解项目相关专业知识与学习如何合作探究。 （3）定时反思，记录学习反馈
项目名称		未来学校模型设计与制作
项目描述	Thing （事情）	尝试用项目式学习的方式，以设计未来的母校为主题，让学生成为会思考的劳动者，让学生体验到学习是一种快乐和幸福，把学生培养成一个创造者
	Problem （问题）	如何改造自己的母校？
	Works （作品）	未来学校模型

核心素养		实践与创新
核心目标	具体表现	Know（知道什么）	（1）知道手工制作模型方法。 （2）知道项目设计和制作的基本流程。 （3）知道设计思维的基本环节
		Understand（理解什么）	（1）理解项目的设计规划步骤、如何选用整合资源、如何科学分工。 （2）理解数据的统计与分析在生活中的作用与价值。 （3）理解"设计思维"如何进行创意设计，优化选择，论证调整，评估表述
		Do（能够做出什么）	（1）学生按照设计思维环节，根据自身情况，使用教师提供的支撑工具，能设计出富有想象力和价值的产品。 （2）在前期基于设计思维的项目制学习过程中，能够设计调查表、问卷调查，头脑风暴，思维聚焦，初步设计出解决方案，并根据方案查找相应资料——完善、修正方案。 （3）能做出未来学校的模型，并进行推荐
		Be（希望成为什么）	（1）能成为设计实施的构建、领导决策者、推进者。 （2）具有换位思考和同理心意识的主题设计师
核心知识	大概念	STEAM、设计思维
	核心概念	项目设计与实施；信息收集与分析；数据处理与运用；做中学
活动过程	明确事项—界定问题	4个班级、160多名孩子走出课堂，深入校园，根据分组调查不同年级学生的需求。经历设计调查表、利用课余时间问卷调查，分析调查结果，孩子们将目光集中到学校厕所、器材保管室、食堂、小花园、楼顶空地上。只有充分了解用户需求，才能设计出别人愿意使用的产品。孩子们走出课堂，真正地去了解、体验，才能把问题想广看深

活动过程	探究问题—提出创意	学生们以小组为单位，围绕本组要解决的问题，自由畅想关键词。在畅想过程中，不评判任何同学的关键词。8分钟畅想结束后，分类整理所有关键词，联系关键词和需解决问题，描述出解决方案。 如何快速到达操场上体育课，一直是困扰高年级同学的问题。在头脑风暴环节中，出现了降落伞、大树、滑梯、飞机、蹦极等天马行空的词汇。在分类和整理所有想法，考虑现实约束条件后，小组成员一致选定了滑梯。在教学楼2、3、4楼分别建立滑梯，帮助同学快速到达操场。 在头脑风暴环节，学生不受束缚地自由联想和讨论，在这样的氛围下，天马行空的解决方案层出不穷
	论证创意—形成框架	在头脑风暴环节描述出产品后，考虑现实约束条件，列出所有困难和障碍，查阅资料、询问专家、调整方案，将产品从文字转化为图形。 在解决低段同学上完厕所不冲水的问题时，最开始小组成员直接提出给每个厕所安装自动感应冲水的马桶。我们学校总共有80个厕所位置，查阅资料后，最便宜的自动冲水马桶3000元一个，改造厕所至少需要24万，费用太高，必须调整方案。经过研究厕所冲水的过程和特点，查阅资料，孩子们利用厕所冲水时会发出辨识度很高的冲水声，当声音传感器识别出冲水声后，厕所门才能打开。否则，厕所门一直关闭。在确定完方案后，孩子们着手准备绘制设计图。 在这个反复的过程中，学生对知识的认知不断提升，原始的想法不断升级，解决复杂问题的能力得到提升
	产生作品—展现互动	学生利用胶泥、乐高、废旧玩具、电子积木等各种器材，根据设计图完成制作。 大树净水装置是一个收集、过滤雨水后，给同学提供饮用水的装置。小组成员第一次尝试用胶泥制作50cm高的大树时，发现因大树太高，超轻黏土黏性不够，整棵树会倾斜。第二次，学生用一只废旧彩笔做核心，用热熔胶枪固定彩笔。在彩笔外部附着胶泥，成功将大树立起来了。 整个设计思维就是问题解决的过程，学生掌握该方法后，可以更加从容地应对难题，并善于寻找各种解决问题的方法。这尤其体现在原型制作方面

辅助工具	工具1	SWOT分析法、六顶思考帽	
	工具2	思维导图、问卷调查表	
学习评价	维度	标准	结果
	作品质量	契合度、功能性、结构稳固、简洁性	
	作品展示	仪态、内容、辅助材料	
		组织、结构、词汇和产品原理	
	学习过程	分工、组织、凝聚力	
		网络搜集、网络资料整理、数据分析	
		设计、造型、说明、创意	
	学习结果	Know： (1) 能按时推进项目，并最终完成作品。 (2) 能用设计思维制作出具有价值的创新作品	
		Understand： (1) 理解项目的设计规划步骤、如何选用整合资源、如何科学分工。 (2) 理解市场调查、问卷调查的作用和价值，理解数据的统计与分析在生活中的作用与价值。 (3) 理解"设计思维"如何进行创意设计，优化选择，论证调整，评估表述	
		Do： (1) 能制订基于目标的统整、推进计划，并进而实施。 (2) 能够手工制作模型。 (3) 能迭代改进作品。 (4) 能发布作品	
		Be： (1) 能成为设计实施的构建、领导决策者、推进者。 (2) 具有换位思考和同理心意识的主题设计师	

　　高阶思维基于知识，而产生于问题，并在问题解决过程中得到不断的发展和提升。跨学科综合实践学习的开展，聚焦学生发现问题、解决问题的意识与能力，将教学内容转化为探究问题，将学生的学习方式转化为符合其内部心理特征的探究活动，让学生通过探究活动解决问题，从而学习隐含于问题背后的知识，形成解决问题的策略，并由此发展多种思维能力与主动探究的意识。

第四章　深：促进儿童高阶思维的大综合课程实践探索之二

课程改革从知识目标到能力目标，再到今天的核心素养，体现出跟随时代人才培养需求的改革而变化的过程。核心素养的培养需要通过课程重新定位和创新建构来实现。针对中小学课程设置较细、不少内容重复交叉的现象，深化课程改革提出"加强课程整合"的要求，以减少课程间的重复内容，探索综合性学习，促进学生学习方式的转变，以深度融合的课程实现学生的深度学习。

一、深度融合的课程

深度融合的课程并不是与现存的分科课程相对立，分科课程在基础知识的系统传授、特定思维方法的训练等方面具有无可替代的优势，课程融合必须着眼于分科课程与综合课程的有机统一，以整合的方式变革课程观念，对现有的分科课程结构进行优化调整。通过课程整合，优化学校课程体系和育人体系，充分发挥课程的育人功能；以课程整合促进教育教学活动的整合、"教"与"学"的整合、学习方式的整合，培养学生的创新精神和实践能力，提升学生的综合素质。

在"爱满天下，知识为公"的办学理念引领下，我校致力于培养健康、智慧、责任的"人"。而人的培养需要有整体的课程设置和实施流程，基于这样的理念，我校建构了学校课程的顶层架构：基础国家课程—拓展型课程—研究型课程（如图4-1所示）。

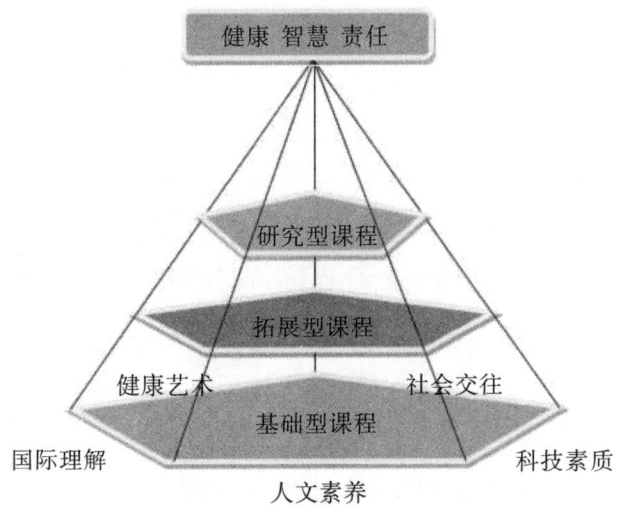

图 4-1　学校课程的顶层架构

　　基础型课程、拓展型课程以及研究型课程都着眼于核心素养的培养，均指向人文素养、科技素质、社会交往、健康艺术以及国际理解五个方面的素养提升。拓展型课程指的是为了在保质保量完成基础型课程的基础上，更好地提升学生的学科素养，在现有教材的基础上，教师自己寻找教学资源，自主开发的学校课程。研究型课程更注重促进学科之间的相互融合，发展学生的综合能力，进一步关注课程的整体育人功能，重视学科内、学科间的联系与整合，关注跨学科综合学习，打破学科界限、融通各学科知识。

　　在深度融合课程的实践框架下，我们尝试从学生的需要出发，基于学科对学校课程融合进行探索，并以此推进学校的整体变革，发挥课程的综合育人功能，让教育回归知识和人的整体属性，进而实现学生的全面发展。接下来，我们以创意思维课程、STEAM 课程以及班本德育课程为例，对我校大综合实践课程探索进行详细说明。

（一）创意思维课程

　　如何在保证国家课程稳固实施，确保学生的基础计算能力、常规解决问题能力得以培养的基础上，促进学生的高阶思维，尤其是创意思维的发展，就是我们亟待研究和解决的问题。拓展型课程的研究和开发，恰好能够为常规思维向高阶思维的进阶搭建桥梁，提供平台。因此，我们在学校课程框架下，致力于拓展型课程的开发与研究，以期充实、完善学校课程体系。

1. 课程开发流程

在实践中，我们的每一节创意思维课程的课例开发一般会经历如图4-2所示的6个环节。

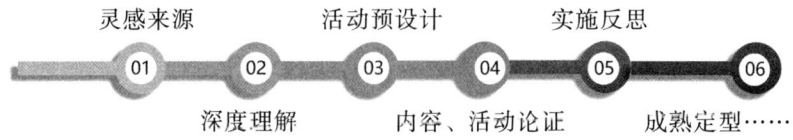

设计环节	环节目标
灵感来源	寻找创意思维课例的内容起点：可能是一道题，教材的重难点，教材对比，学生疑问，文章推荐。 例如，通过对比新旧北师大版教材，发现新版三年级教材取消了图形运动板块的"欣赏与设计"一课，教师可以思考为何取消，进而设计了"创造轴对称图形"一课
深度理解	研读分析上一环节所提出的疑惑和问题，深度解读和理解国家教材，寻找与数学知识和教材逻辑结构的契合点。明确教学内容设计的目标设定
活动预设计	基于内容起点与既定目标，寻找合适的生活情境，并设计对应的问题串和活动串
活动论证	结合数学知识和教材的逻辑结构，以及创意思维课程开发的一般原则，对课例目标的准确性、活动内容的科学性、流程的逻辑性进行讨论并修订
实施反思	进行第一次教学实施，通过学生的实际学习状态，及时地调整问题串和活动串的设计，以及对教学目标、活动流程等进行改进
成熟定型	进行第二次教学实施，不断改进，直至符合科学规范

图4-2 创意思维课程课例开发的6个环节

2. 课程实施框架

创意思维课程的开发必须依托于现有的国家课程，在完成国家课程的基本要求和基本目标的基础上，根据教学内容的适配度和学生的认知特点进行。基于创意思维课程与国家课程的关系，我们将创意思维课程分为三类课程、两种方式。

（1）三种课程类型。

前置经验准备型：为了促进国家基础课程知识的学习，使学生在国家课程对应知识方面积累一定经验、习得相关学习方法策略的课程设计。

课内难点驱动型：基于国家教材的知识情景和问题串，结合课程目标，为更好地落实重点知识，突破学生认知上的难点，使学生更有趣味性和课堂参与感，创造性地设计教学活动，是基于教材又高于教材的课程设计。

综合应用提升型：学生在完成国家教材知识的学习之后，为了学生能够更充分地理解和应用所学知识，落实"数学来源于生活，应用于生活"的概念建构和创新应用所进行的课程设计，是对教材的补充。

（2）两种实施方式。

主题活动式：结合预设计的学习目标，确定教学活动的主题（教什么、学什么），以学生活动为课程实施和推进的载体，学生在活动中操作、表达自我观点、质疑、反思、总结（怎么学），以达成概念理解、经验习得、思维提升。

项目学习式：基于学科内的学习目标，选择与目标有契合度的真实生活情境，设计符合学情的驱动性问题，学生通过解决问题、产品设计，实现创意表达、创意思维。我们目前进行的探究都称为"微项目式"学习。

我校的拓展型课程包含了语文、数学、艺体三个学科方向的 10 个类别，以数学学科为例，数学学科的创意思维课程包含了数理逻辑拓展课程、空间创意课程、综合应用课程（如图 4−3 所示）。

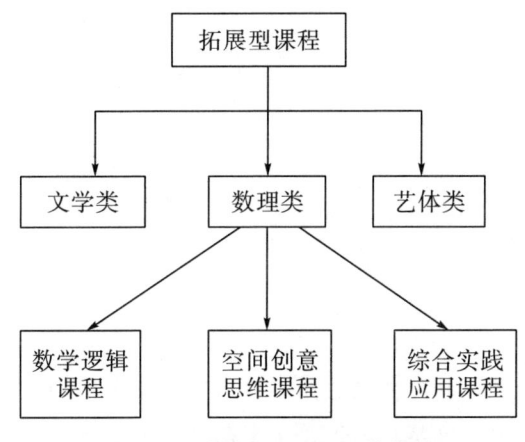

图 4−3　学校拓展型课程的类别

【案例 1】智慧的小设计师

智慧的小设计师——密铺

谭坤银　黄丽　石倩　易娜

以项目学习模式是认学习者为中心的教学方式，它可以有力地调动学习者的学习兴趣，增强学习者的自主学习能力。因此在创意思维课程下开展数学项目式学习，能够使学生深入掌握数学知识，提高数学思维能力。数学项目化学习可以聚焦数学的核心概念，创造出引发学生主动投入探索的挑战性问题情境，通过探究性的、调控性的、社会性的数学实践引发学生有意义的数学互动和交流。学生在项目化学习中能够发展出对数学概念更深度的创造性思考和更深层次的思维。

以"智慧的小设计师——密铺"为例谈谈项目式学习的实施方式：

数学的项目化学习一方面要准确体现数学的关键概念或能力，另一方面指向创造性思维、批判性思维、探究与问题解决、合作等重要的跨学科素养。

一、确定核心知识

数学中的核心知识主要是指重要的学科概念，以及与这些学科概念相关的一系列基础知识和技能。所以，必须先确定课程的本质问题是什么。

二、设计驱动性问题

驱动性问题就是将本质问题放入情境中，驱动性问题的设计既要考虑学生的兴趣、驱动性问题的真实性和必要性，又要能够保证学生通过这个项目对数学概念本身产生足够的理解，在活动中促进学生创新意识的发展。

三、促进高阶认知

在数学项目化学习中，用得比较多的高阶认知策略主要有问题解决、决策、调研等。在图形与几何板块的创意思维课程开发中，主要策略是解决问题。

四、通过学习实践促进创新意识发展

在学习实践中，数学项目化学习涉及比较多的是探究性实践、社会性实践和技术性实践。由于问题的复杂性，数学项目化学习对学生的调控性实践，如坚持性要求也比较高。数学项目化学习实践特别强调这些实践中的如下因素：澄清问题中的信息、坚持不懈地解决问题、进行抽象性的推理和建模、进行量化的计算和分析、基于数据进行评论、运用适当的工具等。这些也反映了数学实践本身的特性。

五、呈现成果与评价

数学项目化学习的成果要反映数学的核心概念。它常常给学生的是一个不良结构的问题，但是对于学生将要经历哪些数学实践，以及最终可以接受的数学成果是怎样的，又有明确的界定和说明。

六、把握好项目化学习（活动课）应注意的细节

第一，创设的项目情景一定要符合学生的年龄特点以及知识基础，同时要注意做好对教材的参考，根据教材的具体要求来创设项目情景，这样才能够使学生真正参与到数学活动课的教学过程中来。第二，在课堂上要充分发扬民主的精神，引导学生大胆放手去操作和实践，教师尽量少干涉学生的实践活动，对于学生出现的失误要予以鼓励式的批评，不能打击学生的积极主动性。第三，要注意学生之间的差异，关注学生在活动中的表现，引导每个孩子积极主动地思考。

课例：《智慧的小设计师》逆向设计教案

项目来源：我校四年级学生每周都增加一节"趣数课"，小朋友每周都很期待这节好玩的课。为了方便学生活动、操作，更为了让孩子们一直对数学拥有这样浓厚的兴趣，本学期学校特别为数学活动课准备了一间宽敞的教室，并让四年级小朋友自己打造一间具有数学特色的教室。首先从铺地砖开始！

本质问题：探索两种或者三种图形组合密铺的方法。

驱动问题：为数学活动教室设计铺砖方案。

阶段1——预期目标		
内容标准	（1）通过设计多种图形复合密铺方案，发现组合图形能够密铺的道理以及密铺的方法。 （2）让不同思维的学生在探索、交流中有所启发	
深度理解	迁移已有经验，探究铺砖的策略，发散思维	
阶段2——评估依据		
课堂呈现	能用语言阐述密铺的道理。 在小组学习中呈现出学生解决问题的不同思路、密铺出来的图形的不同特征，发散思维，然后让学生从交流中得到启发，创造性地去设计方案	
其他证据	每个小组设计的图纸和铺砖的作品	
学生自我评价和反馈	学生参与教室铺砖的设计过程评价（评价量表）	
阶段3——教学设计		设计意图
1. 前期研究回顾	（1）了解了一些平面图形能密铺的道理。 （2）能进行单独图形的密铺设计，积累相关活动的经验	学生通过项目来学习主要的数学概念和能力。这个项目学习的设计指向图形密铺，并要求学生探索出组合图形密铺的方法和道理

2. 学习讨论	你打算选什么形状的砖？怎么思考的？	有了一个真实的问题，还要让学生经历抽象化的过程，促进学生数学思维的发展，所以需要设计关键性问题"选什么砖—怎么铺—小组讨论方案—画铺砖草图—实际铺一铺、说一说—受到了深刻启发"。我们经常用的解决问题的流程是：提出挑战性的问题—用已有经验尝试解决（可能解决也可能不能解决）—引入新知识经历形式化的抽象过程—形成新概念—再次回到新情境
3. 驱动任务	现在有这样三种砖，如果至少用两种砖铺地面，让你来设计完成教室地面铺砖。（小组完成） 讨论：选什么砖？	
4. 学习分享	说清楚选了什么形状的砖并分享理由	
5. 驱动问题	（1）把设计的方案画成草图。 （2）再根据草图拿出学具铺一铺	
6. 学习分享	（1）结合图说说怎么铺。 （2）这些密铺好的图案存在着怎样的规律？从中得到了什么启发？	
7. 全课小结	（1）本节课学习解决了项目中的什么问题？ （2）通过今天的活动，你印象最深刻的是什么？你最想分享的是什么？	这个项目中至少需要发展出探究性实践、社会性实践、审美性实践三个必要的评价，在反思总结中发展评价量规，去激发学生的思考，以提升总结

（二）STEAM课程

STEAM由美国弗吉尼亚科技大学的学者格雷特·亚克门首次提出。STEAM，是科学、技术、工程、数学和艺术五个词的缩写，STEAM课程就是培养学生科学、技术、工程、数学和艺术综合素养的课程，其本质是跨学科整合，最终目标是提高人的创造力。其中，"跨学科"是指鼓励学生跨学科界限，融入基础性学科知识，建立起现实生活与科学、技术等学科之间的联系，提高利用不同学科知识解决实际问题的能力。

1. 融入设计思维的小学STEAM课程教学模型

在智能时代，高阶思维是未来社会生存发展的关键能力。高阶思维是可以培养和训练出来的，STEAM教育指向高阶认知能力的培养，即分析、评价、创造，是高阶思维教学的最合适载体。通过设计思维中精心的问题设计，引导学生进行头脑风暴，并通过制作模型将头脑风暴的点子落地。这一系列操作过程有助于触发学生的参与性和积极性，从而有助于激发和进一步提高学生的高阶思维。

　　根据几年的实践研究，我们初步拟出如图 4—4 的模式。

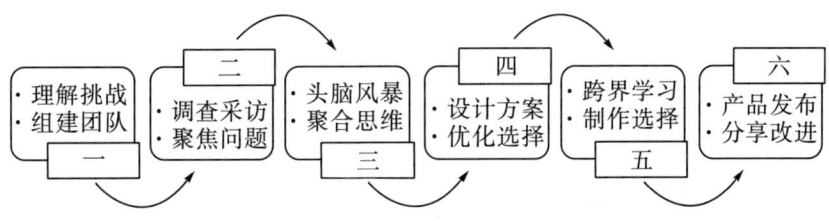

图 4—4　融入设计思维的小学 STEAM 课程教育模式

2. 支持学生高阶思维发展的 STEAM 课程实施

　　通过实践，我校在基于设计思维的小学 STEAM 教育模式基础上，梳理归纳出了每个环节提升学习者学习成效的相应实施策略与十三大高阶思维学习支架（如图 4—5 所示），有效促进了学习者的协作与反思，更高效地达成深度学习。

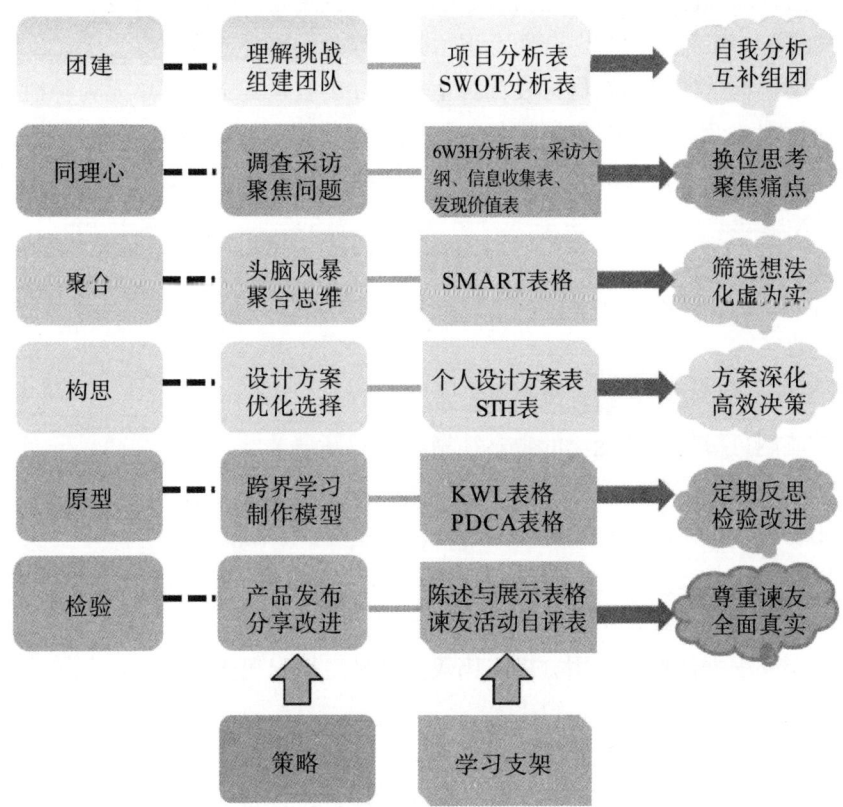

图 4—5　基于设计思维的小学 STEAM 教育模式（含各环节实施策略和高阶思维学习支架）

【案例2】我的智能花盆

"我的智能花盆"综合实践活动课程

辛婕　刘智勇　巫智丹　涂海洋

一、活动背景

本活动课程以帮助学生进一步丰富和完善关于生命世界的认识为目标，聚焦"怎样才能为植物创设适宜的生长环境"，以跨学科的问题解决为突破口，围绕"如何设计自己的智能花盆"提炼驱动性问题，以经验、创新、能力为主线，通过多种学习实践，形成产品原型。与此同时，理解环境与生命之间的关系。

二、学情及需求分析

本活动课程面对四年级下期学生。四年级的学生已掌握了许多科学知识和科学方法，探究能力也有一定发展。学生在进行观察、提问、假说、调查、解释及交流等一系列活动时，合作意识增强，但合作能力还需提高。

该年级科学课使用教材为教育科学出版社出版，其中一个单元为种植凤仙花。通过本单元，学生获得植物如何繁殖新生命的认识。我们以此为出发点，开发综合活动课程"我的智能花盆"，拓展学习内容，形成关于生命的一系列发展性概念。

三、活动目标

（1）掌握相关学科所涉的主要知识点，形成物化成果。

科学：

①植物的生长需要适宜的温度、水分和空气。

②能制订植物生长变化的观察计划，并做好记录。

③能够利用实验收集数据，验证推测，得出结论。

④知道环境影响植物生存，具有环境保护意识。

数学：

①能用表格、统计图表等方式聚焦问题。

②能够根据数据，运用分析、比较、推理、概况等方法得出适宜植物生长环境的结论。

美术：

①知道彩铅、圆规等绘图工具的使用方法。

②会绘制立体物体。

③能绘制和表达出智能花盆的创新之处。

工程：

①认识机械传动系统。

②能利用乐高搭建稳固的智能花盆模型。

技术：

①知道每个传感器的功能与作用。

②能根据需要选取合适的元件。

③运用现有的传感器及配件设计制作智能花盆。

（2）掌握设计思维在综合实践活动中的应用流程，发展合作、创新能力。

（3）理解环境与生命之间的关系。

四、活动过程

1. 理解挑战，组建团队

（1）介绍"我的智能花盆"综合实践活动课程。

驱动性问题：长期以来，我们都是凭经验种植植物，失败率居高不下。如何运用科技手段为植物创设适宜的环境？作为智能时代的少年，是否有可能设计出满足植物茁壮成长的智能花盆？

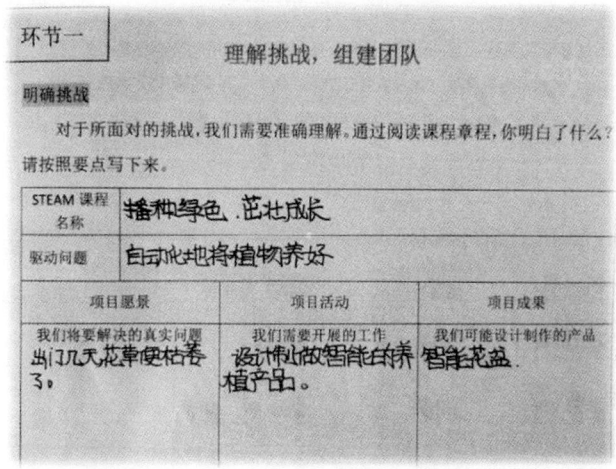

（2）学生使用"SWOT"分析工具展示自己作为团队合作者的优势、劣势、机会、威胁，思考个人能为团队做何贡献。

根据个人能力特长，遵循"组间同质、组内异质"原则，最终把全班学生划分为具有良性竞争力的小组。

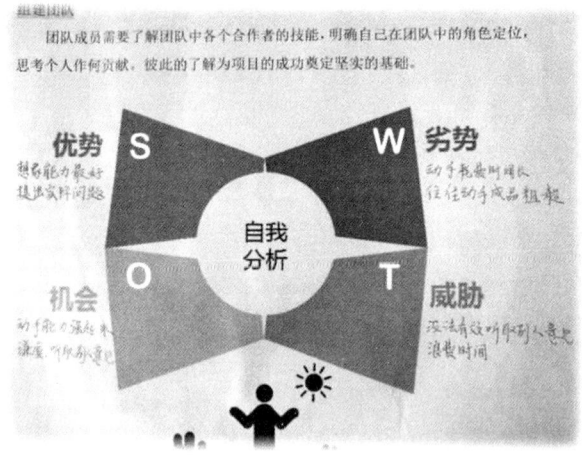

2. 调查采访，聚焦问题

通过现场采访及问卷调查，学习小组对家庭种植植物出现的问题进行聚焦。

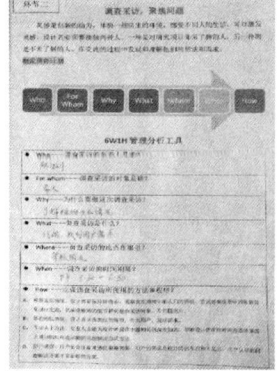　　　　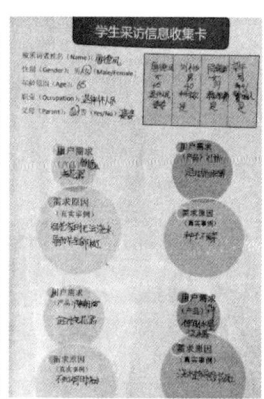

调查计划　　　　　　　　采访大纲　　　　　　　　采访记录

3. 知识与能力建构

第一周：参观学习——智慧农场（地点：校内）

个人：完成智慧农场参观学习任务单。通过参观学习与资料查找，回答问题，如"植物的生长需要哪些条件？"在回答问题的基础上初步形成设计想法。

以智能花盆为模型，教师和学生合作完成智能花盆的建设，完成基本的知识构建。对于智能花盆的建设，可大致分为以下部分展开构建：可伸缩的遮阳棚、自动识别光照……

4. 头脑风暴，聚合思维

小组头脑风暴。根据调研问题，结合智慧农场的特点，开始进一步的研究，讨论植物生长的条件，思考需求与技术之间的关系，判断家庭中种值植物怎样的需求是合理的，是可以实现的，形成各自的"我的智能花盆"的设计草图。

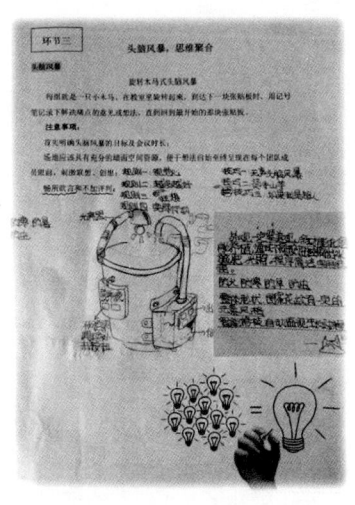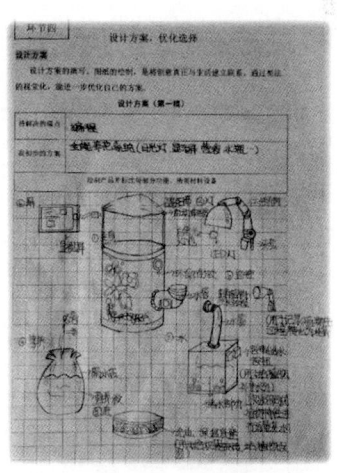

5. 设计方案，优化选择

同伴评议。这样的需求是否合理？讨论在这种需求下所形成的"我的智能花盆"规划方案的合理性。

对于多个设计方案，小组采用六顶思考帽工具，高效决策能将设计变成现实的最终方案。

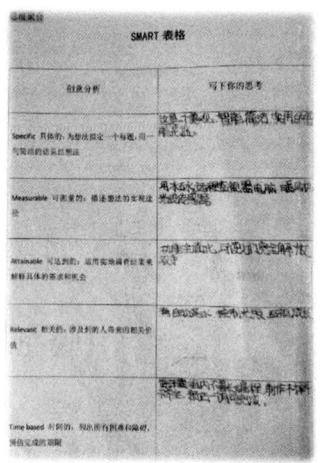

6. 跨界学习，制作模型

制订模型制作计划，做好时间节点规划。

学生根据设计图纸进行尝试，在尝试的过程中，突破学科边界、泛在学习，选择不同的材料，将之前具有蓝图性质的设计图纸转换成物化的模型产品。

教师组织学生进行组内评价，提出修改意见。

根据不同家庭种值的植物需求，进一步修正"我的智能花盆"模型。

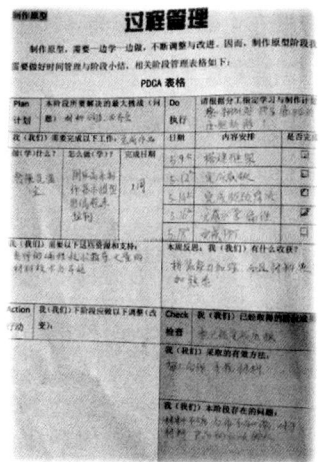
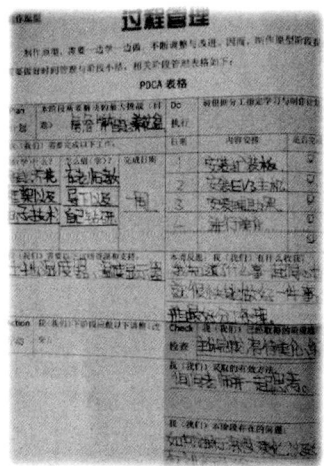

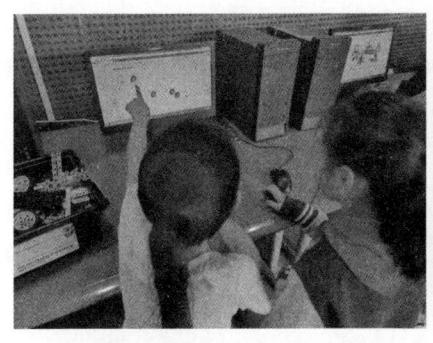

7. 产品发布，分享改进

"我的智能花盆"微型发布会。

学生带着自己的作品用"谏友七步法"，向大家进行产品的介绍与演示。同时邀请智慧农场专业团队共同参与，全面收集意见或建议，产品迭代的同时，进一步体会生物生存与环境之间的关系。

（1）展示。

展示者展示他们的项目，并陈述他们想要针对哪些问题得到反馈。

（2）解释说明。

受访对象对展示者提出基于事实的澄清性问题，以更清晰地理解项目。此时，非常重要的是主持人需要确保受访对象在这个环节暂不提供反馈。

（3）评估。

受访对象独立思考后，对项目进行评估，可以使用评估量规（Rubric）来帮助建立反馈。在评估及之后的反馈过程中，展示者需要一直保持沉默，甚至可以转过头背向受访对象，以避免展示者为自己辩护，并且给展示者思考和反馈的时间，考虑哪些反馈对他有用，哪些反馈对他没用。

（4）"我喜欢……"

受访对象以"我喜欢……"的句式进行第一轮反馈。比如，我喜欢它创作音乐视频的想法。

（5）"我不知道……"

然后，受访对象以"我不知道……"的句式，依次分享他们对这个项目的疑惑，只提出疑惑点，而不直接给出建议，以问题的方式给予反馈会更委婉且更容易被接受。比如，我不知道立体停车大楼如何解决大气污染对住户的影响。在这个过程中，展示者依然是保持沉默的，受访对象在彼此之间交流，展示者仅聆听并做笔记。

（6）反思。

展示者的反思陈述时间，反思之前听到的内容，不需要对每一条反馈做出回应，只需要考虑可能会对项目做哪些改进。

（7）"我有……"

每个人用"我有……"句式来谈论关于这个项目的其他想法。比如，我有一个与这个项目相关的视频想推荐给大家。

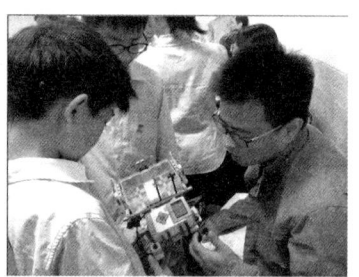

五、活动评价

1. 理解挑战，组建团队评价表

	入门（1）（属于刚刚入门的水平）	一般（2）（某些点有很好的表现，但一些方面仍需要提高）	好（3）（很不错，可以作为范例）	自评	互评	师评
项目真实性（与社会的关联）	认知项目与现实世界的关联；能提出知识上的问题	理解项目所模拟的真实世界的活动；提出真实世界存在的问题	理解并能提出项目要解决的问题，该问题正是现实世界中成年人要面对和解决的问题			
学术严谨性（跨学科课程认知与理解）	能查阅相关文献，学习一些新知识和技能	能根据项目的驱动问题查阅相关文献，学习新知识与技能；能对核心概念有关知识进行分类与整理	能根据项目的驱动问题查阅相关文献，学习新知识与技能；学生通过知识的分类与整理，对核心概念有关知识既有广度也有深度的认识			

积极的准备（团队组建）	学生自由组合，形成学习团队	学生结合自己的兴趣，根据项目可能出现的问题组建团队	学生根据项目及驱动问题可能的解决方案需求与学生自身优势分析相匹配，组建优势互补的团队			
与成年人的联系（团队完善）	学生与校内教师有联系，能向他们提出问题，并能获得相关反馈和建议	学生与校外的成年人有联系，能向他们提出问题，并能获得相关反馈和建议	学生与校外的成年人有多种联系，这些校外成年人有项目相关的专业能力和工作经历，学生可以向他们提出问题，并获得相关的反馈和建议			

2. 调查采访，聚焦问题评价表

	入门（1）（属于刚刚入门的水平）	一般（2）（某些点有很好的表现，但一些方面仍需要提高）	好（3）（很不错，可以作为范例）	自评	互评	师评
被采访者（接受你采访的人）	采访的是自己	采访的是家里的亲友	采访的是陌生人			
采访人数（你采访了多少个人）	3～5份采访稿（团队中每人一份）	团队中有少数成员采访了1人以上	团队中每个成员都采访了2人以上			
采访稿有效性（你的采访稿对你的设计是否起到一定作用）	采访稿提供了基本的信息，有部分信息不正确或不相关	采访稿内容基本完整、准确，能提供确切的信息，帮助你进行设计	采访稿内容完整、准确，能提供确切的信息，帮助你进行设计			
书写工整性（采访稿书写是否工整）	采访稿书写不工整，乱七八糟	采访稿书写比较工整	采访稿书写很工整			
网络搜集（是否在网上搜集相关资料）	在网上查找并阅读挑战主题的资料（图片、文字或视频中的一种）		在网上查找并阅读挑战主题的资料（图片、文字和视频三种都有）			

续表

网络资料整理（搜集资料后，是否整理并打印帮助理解）		筛选出部分信息，并记录这部分信息			
角色扮演（通过角色扮演，体验用户需求）	进行角色扮演，但只有少许收获，无法体会用户感受		进行角色扮演，有大量收获，能深刻体会用户感受，明白用户需求		

3. 头脑风暴，聚合思维评价表

	入门（1）（属于刚刚入门的水平）	一般（2）（某些点有很好的表现，但一些方面仍需要提高）	好（3）（很不错，可以作为范例）	自评	互评	师评
全员参与（组内每个成员都参与到头脑风暴中，贡献自己的智慧）	部分组员参与到头脑风暴中		全部组员参与到头脑风暴中			
自由畅想（脑洞大开，根据主题充分想象）	充分想象，但部分内容与主题完全没有任何关系		充分想象，所有内容都与主题直接或者间接相关			
追求数量（头脑风暴过程中，组员提供了大量的"点子"）	组员每人提供5条点子	组员每人提供6~10条点子	组员每人提供10条点子以上			
延迟评判（头脑风暴时，强调不许批评，不许议论，不指责，独立思考）			不说"不可能""有问题"等否定倾向的词句			

4. 设计方案，优化选择评价表

	入门（1） （属于刚刚 入门的水平）	一般（2） （某些点有很好的 表现，但一些方 面仍需要提高）	好（3） （很不错， 可以作为范例）	自评	互评	师评
设计	能画出简单的产品设计图纸，毫无实现性可言	有一些功能设计很有特点但不能实现，需修改设计图（有意识地运用形式原理进行设计）	设计稿规范且能在模型制作过程中实现其功能			
造型	能够画出产品的基本外形（根据物品的用途，提出设计构想，用手绘草图的方法加以呈现）	能充分把头脑风暴中好的创想绘制到设计稿当中	设计稿比例准确，功能齐全，简洁美观			
说明	对产品功能进行标注	对多功能的设计部分做标注说明	对产品整体与局部的功能有相应的解释说明，且描述得清楚明了			
创意	大众化的设计稿	创意仅体现在某一个功能的应用上	外形、功能都创意十足			

5. 跨界学习，制作原型评价表

	入门（1） （属于刚刚 入门的水平）	一般（2） （某些点有很好的 表现，但一些方 面仍需要提高）	好（3） （很不错， 可以作为范例）	自评	互评	师评
契合度（是否依据设计图完成原型制作）	搭出的原型与设计图只有部分一致	搭出的原型与设计图基本一致	能利用材料搭出完全与设计图一致的原型作品			
功能性（是否实现所设计的全部功能）	能部分实现所设计的功能	能基本实现所设计的功能	能完全实现所设计的功能			
结构稳固（制作出的原型结构是否稳固）	制作出的原型不是很稳固，使用几次后会散架		制作出的原型很稳固，多次使用也不会散架			

续表

	入门（1）（属于刚刚入门的水平）	一般（2）（某些点有很好的表现，但一些方面仍需要提高）	好（3）（很不错，可以作为范例）	自评	互评	师评
简洁性（用尽量少的材料实现功能）	材料使用不够合理，用过多材料完成作品	材料使用合理，整个作品只有极少的多余材料	材料使用合理，整个作品找不出多余材料			

6. 产品发布，分享改进评价表

	入门（1）（属于刚刚入门的水平）	一般（2）（某些点有很好的表现，但一些方面仍需要提高）	好（3）（很不错，可以作为范例）	自评	互评	师评
仪态	需要控制音调、清晰度和音量；看起来很紧张；对自己所讲的内容不熟悉；与听众几乎没有眼神交流；缺少或做出不合适的肢体语言、手势和表情	演示者出错但很快改正；自信但有时有些紧张；对自己所讲的内容比较熟悉；大多数时间与听众有眼神交流；有时会做出一些生硬的肢体语言、手势和表情	演示者声音响亮，发音清晰，易于听众理解；非常熟悉讲解内容，表现出对自己所讲解内容的自信；一直与听众保持眼神交流；有效地使用肢体语言、手势和面部表情；演示者传递出活力和热情			
内容	内容不完整，需要重新组织；缺少重要信息；只有极少细节支撑	信息完整；有基本的细节支撑；能让听众基本了解整个设计过程	信息完整；有很好的细节支撑；能让听众完整地了解整个设计过程			
组织、结构、词汇和产品原理	演示过程组织混乱，无法引起听众注意；演示结构有些混乱，细节支撑有限；使用词汇不能完全表达产品原理；没有使用专业术语	一定程度地组织了演示过程，只有部分时间引起听众注意；演示有结构，细节支撑演示的连贯性；使用词汇能一定程度表达清楚产品原理；使用了一定专业术语	很好地组织演示过程，能引起听众注意，并一直关注演示；演示结构很好，连续性强，有细节支撑；使用词汇能完全表达清楚产品原理，并让第三者理解；使用了大量专业术语			
辅助材料	演示的 PPT 制作粗糙，材料不足；听众从 PPT 中获取很少信息	PPT 制作比较用心，材料真实可信，能起到一定的辅助作用；听众能从 PPT 中获取有效信息	PPT 制作精良，材料真实可信，能起到很好的辅助作用；听众能从 PPT 中获取大量有效信息			

7. 团队合作评价表

	入门（1） （属于刚刚 入门的水平）	一般（2） （某些点有很好的 表现，但一些方 面仍需要提高）	好（3） （很不错， 可以作为范例）	自评	互评	师评
分工	团队分工不明，组长临时安排，完成项目过程混乱	团队有分工，组员基本知晓自身任务，有时需要组长或教师提醒，完成项目过程较为有序	团队有明确分工，组员明确自己的任务及完成时间，无须组长或教师提醒，完成项目过程井井有条			
组织	团队很明显没有组织好，成员有时候不知道应该做什么	团队合作协调，但不是每个成员都有机会发挥自己的能力	团队合作协调，共同努力，每个成员都有很多机会发挥自己的能力			
凝聚力	团队没有凝聚力，团队成员得过且过，不会积极帮助团队完成项目	团队成员有一定凝聚力，成员能帮助团队完成任务	团队很有凝聚力，成员积极主动帮助团队完成任务，成员会利用课余时间优化项目			

【案例3】迷宫游戏

设计思维融入 Scratch 教学——"迷宫游戏"

刘智勇　巫智丹　涂海洋

随着科学技术的不断发展，信息技术以惊人的速度出现在人们的日常生活中。2012 年起，国内中小学信息技术教育领域掀起了一场 Scratch 编程教学的热潮。Scratch 是一款由麻省理工学院（MIT）设计开发的一款面向少年的简易编程工具。它激发了学生的信息化表达和数字化创作的热情，学生可以在互动媒体作品的创作、玩耍、分享过程中提升创意计算能力（即创意设计和计算思维）。

值得我们思考的是，在创意编程的学习完成之后，学生的创新能力是否就会得到提升呢？在目前的教学过程中，教师常常用"头脑风暴"的方式以期望来激发学生的想象力，得到更多的"好点子"。在"给大家五分钟时间，大家头脑风暴来思考这个问题"之后，学生是否会头脑风暴呢？从自身的经验来看，此时孩子们的脑子里根本不知道如何下手去"头脑风暴"，实践经验表明，如果不为学生的各种思维过程（如头脑风暴、创意设计）提供支持工具，他们的思维很难得到所"期望"的培养。

Scratch 进入课堂后，如何让孩子们不仅仅是学习与动手做，而且要提高创新思维成为我们研究的问题。

针对以上问题，设计思维（Design Thinking）走进了我们的视野。"设计思维"发源于设计界，后来被各行各业借鉴，斯坦福大学设计学院把它归纳成一套科学方法论后，迅速风靡全球高校和中小学。设计思维作为一种创新式解决问题的方法论，它的核心思想是"以人为本"。Scratch 编程的小学课程目标是让学生在游戏、动画、故事及艺术作品中，培养其创新及解决问题的能力。设计思维为学生的各种思维过程提供理念、方法及工具，为培养学生的创新能力提供了一套完整的方法论。

通过实践，我们构建出设计思维方法论下的 Scratch 教学模式。

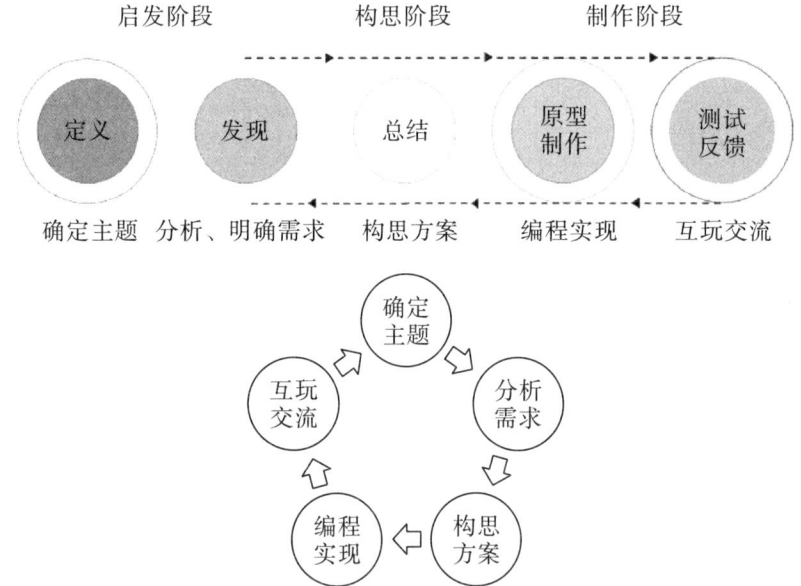

下面，我们以"迷宫游戏"为例，简单介绍设计思维融入 Scratch 教学的具体步骤。

一、确定主题

本环节活动设计："我是游戏体验师"。教师要帮助学生深入理解主题，整个团队的队员要对"完成什么任务"这一认知达成共识。

结合设计思维，首先要从培养学生的"同理心"开始。小学生的同理心大多来源于他们的生活经验和学校教育，因此学生的"同理心"即可从"见你所见""听你所闻""感你所感",通过"换位思考""设身处地""感同身受"等方式,明确、理解主题。

因此,我们设计了"我是游戏体验师"的主题活动,实现"角色扮演",帮助学生设身处地地去扮演游戏玩家的角色。学生体验四种不同类型的迷宫游戏,利用"麦客表单"完成游戏评价调查问卷,尽可能地引导学生提出不同类型的"迷宫游戏"的优缺点。这样帮助学生在进行任务之前,对"迷宫游戏"有一个完整的认识,避免出现千篇一律的"轨迹+目标物"的单一设计。

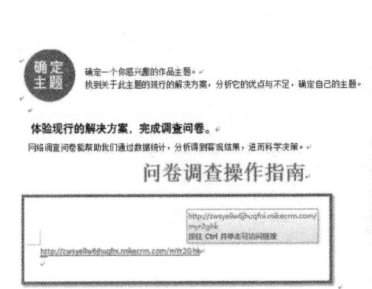
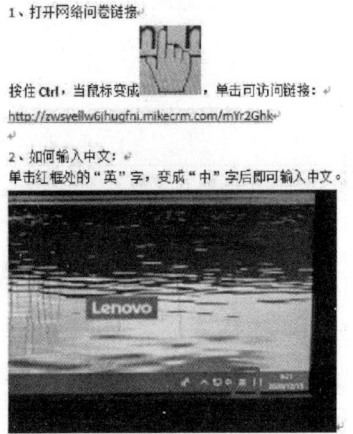

我喜欢的主题名称	我最喜欢的界面设计	我最喜欢的关卡设计	角色运行体验度最佳	操作比较,我所发现的亮点
闯关游戏	闯关游戏	闯关游戏	丛林冒险	赵雨龙: 闯关游戏里面的陷阱比较多,很难通关。
闯关游戏; 丛林冒险	丛林冒险	闯关游戏	小恐龙走迷宫	周雨杭: 闯关游戏: 碰到了东西要回到起点,除了墙,需要速度
闯关游戏	丛林冒险	闯关游戏	丛林冒险	雷雨迅 闯关游戏的名字很别致,关卡丰富。
闯关游戏	闯关游戏	闯关游戏	闯关游戏	张惟初: 闯关游戏: 角色有趣,有难度,有解的地方;
闯关游戏; 丛林冒险; 小恐龙走迷宫	闯关游戏	闯关游戏	闯关游戏	陈则灵: 闯关游戏: 难,激发兴趣,角色运动方式多,有趣风趣
闯关游戏	丛林冒险	闯关游戏	闯关游戏	饶恩瑞: 我觉得闯关游戏色彩丰富、变化多端,很好玩。小恐
闯关游戏	丛林冒险	闯关游戏	闯关游戏	陈为仪: 小恐龙走迷宫的优势是: 简单、有趣; 闯关游戏的优势
小恐龙走迷宫	小恐龙走迷宫	小恐龙走迷宫	闯关游戏	罗宸祺小恐龙走迷宫很简单。
闯关游戏	闯关游戏	闯关游戏	闯关游戏	陈滴治: 鲨鱼移动速度很快有难度
闯关游戏; 小恐龙走迷宫	丛林冒险	小恐龙走迷宫	丛林冒险	辛子琦,我觉小恐龙走迷宫好玩,因为简单。
丛林冒险	丛林冒险	闯关游戏	闯关游戏	陈婕之: 我发现闯关游戏很有趣。
丛林冒险; 闯关游戏	闯关游戏	闯关游戏	丛林冒险	易子恒: 闯关游戏关卡有变化。
小恐龙走迷宫; 闯关游戏	小恐龙走迷宫	闯关游戏	丛林冒险	刘星辰: 我觉的小恐龙走迷宫里面的色彩很美观。
闯关游戏; 丛林冒险; 小恐龙走迷宫	闯关游戏	闯关游戏	闯关游戏	张振辰: 他的很精制的背景设计很好。
闯关游戏	闯关游戏	闯关游戏	闯关游戏	姚名怡: 他画的很精制很深入
小恐龙走迷宫	闯关游戏	小恐龙走迷宫	丛林冒险	吴天佑: 闯关游戏难度太大, 其他还好。

对于导出的意见,我们重在培养学生筛选信息的能力。借助分析比较,帮助学生模块化地对"迷宫游戏"进行评价。例如,"界面美观"指标,是为了使学生在进入"设计师"角色之前理解美观的界面也是任务的重要因素之一。作为一名"设计师",最基本的素养就是有较高的审美能力,所以学生要多去看别人的作品,欣赏别人的创作,多去体验和感受,把别人优秀的元素作为自

己的设计灵感，以便日后激发自己的创作思维。

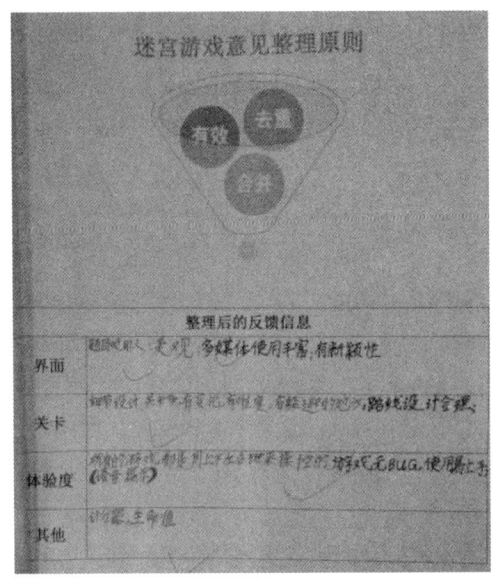

二、分析、明确需求

本环节活动设计："我是游戏分析师"。分析、明确"迷宫游戏"游戏玩家的需求，帮助学生发现问题。

在此活动环节中，教师给出 Scratch 编程软件制作的游戏作品——"丛林冒险1.0"，学生通过团队合作和扮演"游戏分析师"的角色对游戏作品进行分析。这个过程需要团队制订大纲和计划，对任务的开始、推进和探索进行规划，这也是为了帮助引导学生将一个完整的游戏简单化，分析其最基础的需求。教师在展示案例过程中帮助学生厘清思路，引导学生思考，进行作品分析。"游戏分析师"也可通过向团队之外的教师和学生阐述自己的分析，以获得更多的共鸣和意见，完善团队的不足。在此环节中，学生要经历角色的转换，旨在考查学生从体验出发，设身处地去为他人着想，挖掘更多的用户需求，基于对用户的理解和建议上，对原有的作品进行改进或重新创作，设计出符合用户需求的作品。

在此过程中，借助需求分析表对复杂的任务进行分解规划，这样可以看出各角色和对象之间存在的联系，也把整个作品简单化，为学生一步步制作完成奠定了基础。

三、构思方案

本环节活动设计："我是游戏设计师"。在分析完"丛林冒险 1.0"之后，团队领导者需要在团队组员的帮助下明确想法的核心是什么，什么是你最兴奋的点，最有价值的是什么。例如，"迷宫游戏"最有价值的点在于让游戏使用者感觉到趣味。

在构思阶段，我们可以使用很多方法来激发学生的思维发散，如六顶帽子、头脑风暴、Mapping 法等。我们通过对比之后，发现头脑风暴是一种最适合小学生的无拘束的且最易实施的思维发散方式。

我们把活动设计为"吐槽大会"，实际上是以"头脑风暴"的方式，让学生扮演"游戏体验者"进行"吐槽"，从自身出发，无限制地表达出"迷宫寻物 1.0"存在的不足和缺点，并由此提出自身创意。

材料准备：不同颜色的便利贴、记号笔、纸及小礼物。

头脑风暴原则：原则上每张便利贴上只允许写下一个想法，但是为了倡导节约意识，可以要求每张便利贴上写下两个想法；严格遵守时间限制；每个人写下自己的想法，贴在自己团队的区域白板上并进行总结。

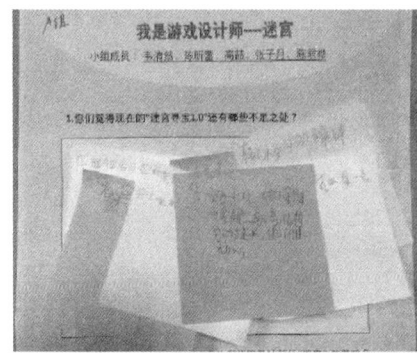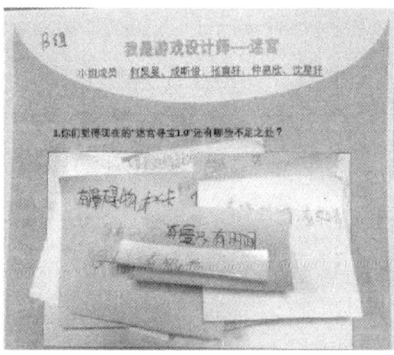

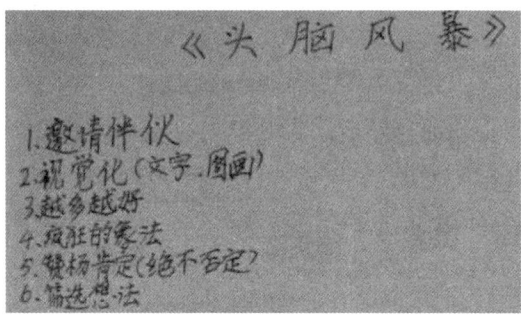

根据头脑风暴活动，小组总结出所有的问题和障碍，例如，缺少什么元素？缺少什么功能？最难实现的功能是什么？团队需要将这些问题陈列出来。

在此阶段中，作为游戏设计师的学生对"丛林冒险1.0"的不足及解决方案已经心中有数，进而开展修改、完善或者以"迷宫"为主题重新创作设计。

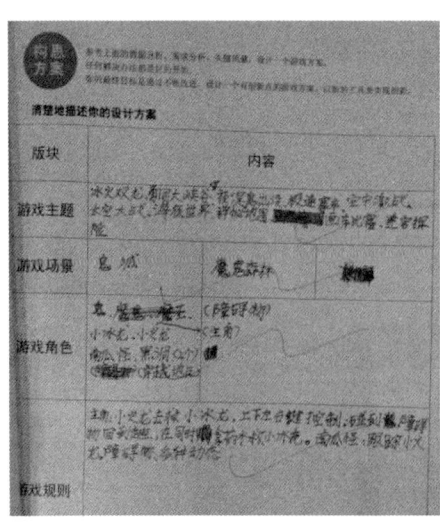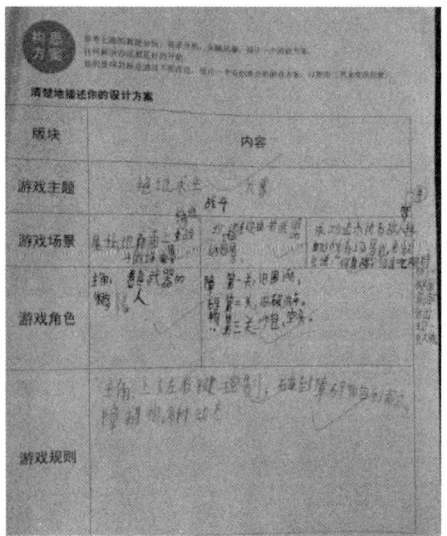

四、编程实现

本环节活动设计:"原型创作师"。小组成员需要将自己小组的想法实现,制作原型,这是一个将小组的想法视觉化的过程。作为游戏开发师,在制作游戏环节中也可获得真实的体验和最直接的反馈,从而在测试环节对游戏作品进行优化和改进。

例如,A 组同学作品"丛林冒险":

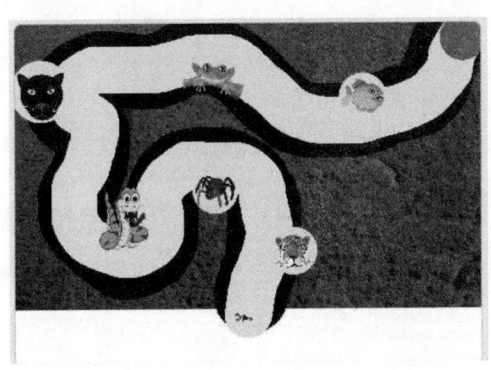

A 组同学将小组作品取名为"丛林冒险",A 组的主要思路遵循"原作品修改"的宗旨,进行原作品的二次创作,即作品的翻创。A 组游戏作品在"迷宫寻物 1.0"作品的基础上做出如下变动:

(1)界面:界面变得丰富且美观,用黑色线条作为阻碍墙,代替原有的"迷宫路径",使游戏画面更具趣味性以及视觉挑战。

(2)障碍物设置:设置了多种类型的障碍物,闯关者碰到障碍物时会结束游戏,同样是增加游戏难度,设置阻碍、增加角色设置,能让游戏体验者在游戏过程中感受更多创意。

(3)反馈提示:设置了游戏提示,游戏使用者在界面上可以清晰地看到通过上(↑)下(↓)左(←)右(→)键可以来控制主角的移动,界面友好,充满人性化。

(4)多媒体:具有丰富的音乐种类,在不同阶段进行音乐切换,使得游戏者在使用过程中不会感觉乏味。

五、互玩交流

本环节活动设计:"产品"发布会。分享原型可以获得很多直接的反馈和意见,有助于进一步改变想法和修改原型。学生和团队都需要考虑在什么环境中、什么场合、向什么人来分享小组制作的原型,如何总结意见和建议,以优化设计。

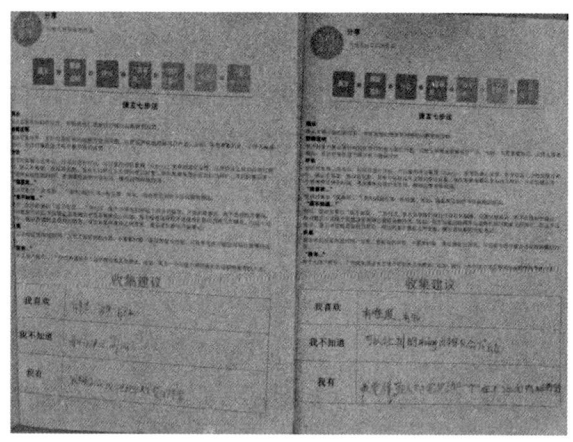

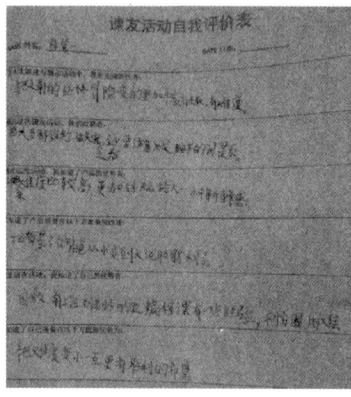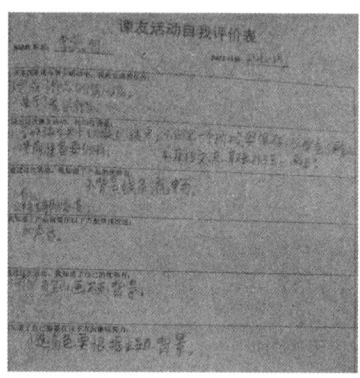

运用"谏友七步法"，小组从不同的体验者那里获得反馈信息，进行原型优化。这是一个连续的迭代的过程，也许这需要花费大量的时间和精力，但是却可以获得各种正负面的信息反馈，获取有价值的建议，进行原型改进，制作和优化新的原型，学生得到全面提升。

总结：通过设计思维融入 Scratch 教学，我们发现相比传统编程教学，用设计思维作为学习的工具，学生更能独立进行思维发散和总结，不仅能设计出更多受人喜爱、完整性强和创意性高的作品，而且完成项目的构思能力更加显现，最终的作品原型设计也更具有创造性。

（三）班本德育课程

2020 年，突如其来的新冠肺炎疫情打乱了大家的工作、生活和学习节奏。受到空间的阻隔、家庭的差异等因素的影响，让班级德育工作的开展出现了种种困难，教育效果也差强人意。解决这些问题，需要打破时空的阻隔，加强生生、师生之间的互动，依靠班集体的教育力量；开发建设系统的富有针对性的班本德育课程；同时根据这个"快"时代家长学生时间有限的实际情况，需要开展"短""小""快"的德育活动，因此，疫情下的小学班级德育微课程建设与实施研究就尤为重要。

1. **以系统思维方式，构建序列化的班本德育微课程体系**

遵循"生活即教育、社会即学校、教学做合一"的理念，建设有针对性和序列性的疫情下的班本德育微课程。该课程分为"爱国课程""防疫课程""生命课程""品格课程"四大板块（如图4-6所示），帮助学生正确认识人与社会、自然的关系，尊重客观世界、科学理性行事，培养学生爱党爱国爱人民爱社会主义的思想情感，并激发学生自律进步的行为。同时，将系统化课程有计划地推进，实现德育常态化、长效性。

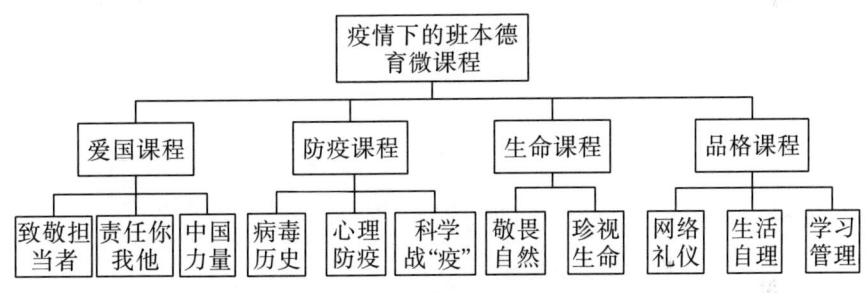

图4-6　班本德育微课程体系

爱国课程：通过了解疫情中的人和事，教育学生懂得感恩，正确树立学生的担当与责任意识，培养学生的责任感，培养现代公民素养。

防疫课程：向学生介绍新型冠状病毒的传播途径与自我防护方法，帮助学生消除恐惧心理，增强学生对疫情防控的信心。

生命课程：让学生正确认识人与自然的关系，认识生命的可贵，敬畏自然，珍视生命。

品格课程：让学生学会规划特殊时期的居家学习生活，学会自我规划与自我管理。

整个课程从当下的"防疫知识"到对疫情中人与事的关注，厚植家国情怀，激发使命担当，最终落脚点在学生个人的品行成长，从知识、情感、能力等多个维度提升学生的素养。

2. **从学生生活实际，提炼针对性的班本德育微课程内容**

疫情是危机，也是当下生活中最鲜活的德育素材。课程需选择合适的生活素材加以整合提炼，成为课程内容，引导学生从当下吸取教训，积累经验，锻炼品格，提升能力。

针对学生当下的认知和行为的缺误，构建微课程。由于学生对病毒、防疫知识的了解，对文明上网的行为等有缺失，基于此设立了自律微课程"网络礼仪"（见表4－1）。在"网络文明"主题下，开展网络礼仪的教育，共同制定网络文明公约，营造文明和谐的班级网络环境；确定年段教学内容和评价方式，开展符合年段特色的活动，促进文明行为养成。

表4－1　自律微课程：网络礼仪

年段	课题	内容	学生实践	评价方式
一、二年级	我会上网啦	（1）了解基本的网络交流方法，简洁、清楚表达； （2）知道网络交流和面对面交流一样，使用文明礼貌用语	在网络中交流学习感受，并练习操作方法，使用礼貌用语	过程性展示
三、四年级	网络互动礼仪	（1）了解基本的网络交流方法； （2）换位思考，感受网络文明的必要，自觉抵制不文明现象； （3）主动使用文明礼貌用语	在网络中交流学习感受，并在练习操作方法中使用礼貌用语	过程性展示；学习、感受、交流、制作"文明上网公约"
五、六年级	做网络文明小使者	（1）知道网络礼仪是个人修养体现； （2）能辨别不文明现象并自觉抵制； （3）主动使用文明语言并宣传网络文明	（1）网络文明实践； （2）"网络文明小使者"倡议	展示倡议书；评选"网络文明小使者"

针对学生未来发展所需，建设微课程。未来社会需要怎样的人，习近平总书记在全国教育大会发表重要讲话中谈到，中国的未来需要肩负时代重任，立志扎根人民、奉献国家，以高远的志向、砥砺奋斗的精神，在人生道路上刚健有为、自强不息的人。

分年段规划爱国课程、面对网络信息培养思辨能力、树立责任担当意识、自我管理和规划等均成为一个个细小的切入点。

在爱国课程中，低段设计了《向战"疫"中的英雄致敬》，在课上认识战

"疫"中的英雄人物，了解他们的事迹；中段设计了《城市微光，致敬英雄》，不仅了解了疫情中耳熟能详的英雄人物，还将学生的目光引向身边的无名英雄；高段设计了《国家有难，匹夫有责》，引发学生思考国家和个人的关系，激发学生奋发努力，为国学习。

【案例4】明辨品格

新冠肺炎疫情下的小学班级德育微课程案例

李静萍

（品格）微课程：（明辨品格）五年级	
教育背景	在新冠肺炎疫情背景下，各种信息纷至沓来，真伪难辨。当今社会，人们获得信息的渠道多样，如何获取真实可信的消息，如何发现信息背后的意义，如何运用这些信息，是现代人必备的素养，我们期望以疫情中的数据为切入点，在培养小学生运用信息设备正确获取信息的能力，以及分析处理运用信息能力的同时，培养学生明辨的良好品格
教育理念	明辨是懂得以真理为标准来判断人和事，明辨品格在日常生活中有典型的行为识别： （1）乐意追求和认识真理； （2）能用正确的原则辨别信息，不偏听偏信； （3）能全面细致地考察； （4）理智思考，摆脱情绪，会经常对自己说想想再下结论。这些行为习惯的养成，会帮助学生独立思考，明辨是非，追求真理。疫情期间，明辨满天飞的信息的真实性，可以正确客观地了解疫情期间国家人民至上的方针政策，以及中国在国际社会的担当精神，激发学生的爱国情怀，从而在明辨中培养有责任、有担当的新时代好少年
教育目标	（1）了解信息时代的纷繁复杂，学会用理性、审慎的态度面对信息、思考问题和解决问题，透过数据看到事情背后反映出的问题； （2）能初步辨别信息的真伪，会从客观正确的渠道获取信息，了解不信谣不传谣，是对他人、社会和国家的责任
课前准备	布置前置性作业，请学生回家借助多媒介收集疫情下的大数据，关注数据的来源，初步探究大数据背后的意义，为课堂交流分享做好充分的准备

续表

(品格) 微课程：(明辨品格) 五年级			
教学流程	教师活动	学生活动	设计意图
一、 自主搜集 关注时事 二、 汇报分析 探究秘密 三、 话题延伸 明辨实操	1. 前置学习 (1) 教师以一则真假新闻导入，请同学回家收集自己关注的疫情数据，按照数据、事件、感受的要求进行简单整理，然后将整理的内容拍照上传QQ群。 (2) 汇总并发现学生关注度较高的数据，准备全班交流。 2. 课堂学习 (1) 视频展示疫情中各种不实信息。抛出思考问题：如何辨别信息真伪？明确获取信息的正确渠道。 (2) 学生在四人小组中进行数据的交流分享。 (3) PPT展示学生课前收集的数据，以及关注度较集中的数据，以图式方式展示。 (4) 各组选择一组数据分析交流，先将收集的数据信息板书在黑板上。再交流：这个信息是通过什么渠道获得的？从这些数据背后，你读懂了什么信息？ 在学生交流时适机穿插播放录音，以引导学生了解国家对抗新冠肺炎疫情的决心和信心。 (5) 班主任请同学将大家通过疫情数据体会到的内容板书黑板，并进行总结。 3. 延伸学习 (1) 疫情下大数据的启示 用过锦江i学平台发布，并相互评价。 (2) 我还希望研究的数据 提出自己还希望研究的数据，号召小伙伴加入	学生按照要求回家收集、整理资料，并上传资料到QQ群。 (1) 学生分别介绍各自获取信息的渠道，以及辨别信息真伪的看法，并在黑板做图示板书。 (2) 学生小组交流。 (3) 学生观察思考。 (4) 学生确定一组数据，进行深入分析，推选一人上台进行分享，其他人补充或板书。 (5) 集体思考数据背后的新发现。 利用学习平台进行延伸学习	(1) 激发学生对辨析信息真伪和研究信息的兴趣。 (2) 在层层深入的对话中，感受从正确途径获取信息的重要性，培养明辨品格。 (3) 在汇总发言的导图整理中，研读数据背后的秘密，进行爱国主义教育。 (4) 在延伸活动中，继续进行明辨品格的培养

（品格）微课程：（明辨品格）五年级	
教育反馈 及反思	明辨信息，不仅仅是辨别真与假，更重要的是面对从多媒介收集到的信息，学生需要学会用理性、审慎的态度面对信息、思考问题和解决问题，初步培养学生客观、公正地辨别信息的能力。从交流数据到研讨数据，透过数据这面镜子折射出数据背后的国情，激发学生对中国积极应对新冠肺炎疫情举措、人民至上理念的赞同和身为中国人深深的幸福感。 本节课运用多媒介收集信息，相对于传统课堂，前置学习更加深入：首先，通过新媒体技术收集数据信息，更便捷，更多样，更能发现数据来源与辨析的重要。其次，交互性强，不仅学生全员都得到展示，并且彼此的交流更为直接。 附活动照片： 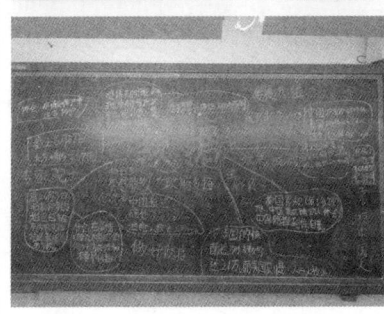

二、深度对话的教学

（一）探索高阶思维的发展路径——深度学习

深度融合的课程是培养全面发展的人的重要前提，在课程深度融合的背景下，何种样态的教学方式能够高效达成课程目标，成为学生高阶思维发展的助推器？我校教师一直存在着有意识却无具体有效的办法去实践的困境，他们在理念与意识层面虽然对高阶思维培养已有了初步的认识，认同度极高，但如何将高位的认识聚焦到课堂实施过程之中，真正用科学的可操作的行之有效的办法去回应高阶思维的培养要求？基于此，就需要学校引领教师去探索高阶思维在一线学校一线课堂的实施与发展路径。

这样的实施和发展路径究竟何在？近年来，众多教育专家与一线教师已逐渐将研究领域从深度教学向深度学习拓展与纵深。所谓深度学习，就是要借助具有整合作用的实际问题、激活内在动机、促进理解深层意义并展开实践创新进而对学习者产生深远影响的学习样态。这样的学习我们认为是核心素养发展的基本路径。

深度学习是一种覆盖了学习各环节、全过程的学习样态，在这样一种整体样态下，教师们虽然认识清晰，但是在课堂实践中难以整体把握，缺少强而有力的实践抓手，无法找准实现深度学习的突破口和着力点，常常顾此失彼，感受到"理想很丰满，现实很骨感"，课堂实践的研究效果不佳，研究情感也遭到挫败。那么，深度学习的关键点到底在哪里？

（二）突破深度学习的关键环节——深度对话

回归教育初衷，教育之道，道在心灵。从意识上看，心灵的融入是学生学习与发展之根，深度学习是触及学生心灵交流的学习；从操作上看，学习中只有师生之间、生生之间存在心灵与心灵的交流，情感与情感的交融，思维与思维的碰撞，才能不断触发、唤醒学生的自我意识，进而构建学生的心灵（精神）世界。与此同时，学生在学习活动中是否是深度学习，学习的状态如何，我们可以从学生的对话中去研究分析学生的理解水平和能力发展的状况，这一切都可以通过外显的对话状态和对话水平来进行反馈、评价和监控。由此，我们认为深度对话是实现深度学习的关键环节。

1. **深度对话教学的本质内涵**

深度对话教学是指借助整合性的话题，激活内在需要和学习兴趣，展开情感交流与高阶思维，进而实现深度理解与实践创新的教学。其核心内涵包括三个方面：

从动机上看，深度对话教学是激活内在需要和学习兴趣的教学。整合性、复杂性的话题情境能激活学生的内源性动力，即深度对话教学的内在动机。

从过程上看，深度对话教学是展开情感交流与高阶思维的教学。只有情感与情感的交融，思维与思维的碰撞，才能不断触发、唤醒、构建着学生的精神世界。

从结果上看，深度对话教学是实现深度理解与实践创新的教学。深度的理解是促进人生命质量发展基本且有效的方式；实践创新是学以致用，实现学习价值的综合体现，这是深度对话教学的最终目标。

2. **深度对话教学的实践模型**

基于深度对话的出发点，可以将深度对话教学划分为三个环节：与物对话、对事对话、与人对话。这三个环节构成了螺旋上升的深度对话教学过程。从深度对话的构成要素来看，可以将深度对话教学过程划分为三个维度：对话的对象、对话的场域以及对话的结果。基于对深度对话的出发点与要素的分析，结合课堂教学的实际情况，构建出"三环三维"的深度对话教学模型（如图 4-7 所示）。

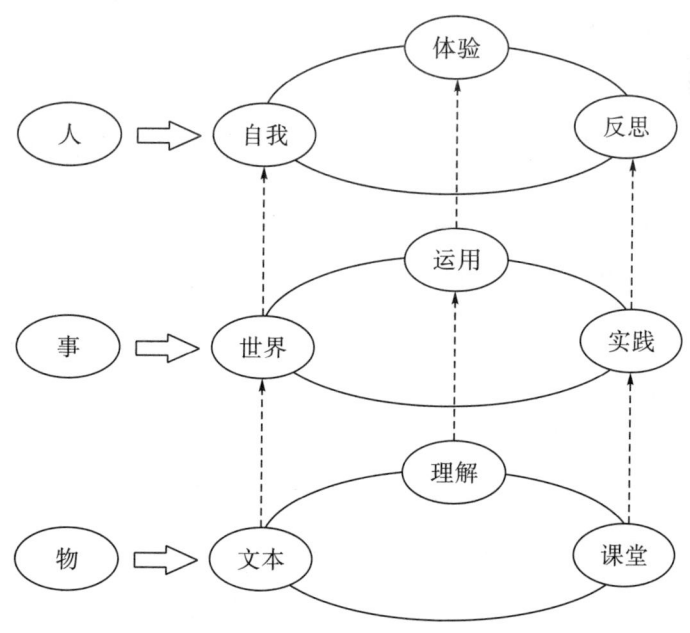

图 4-7　"三环三维"深度对话教学模型

下面，将用科学、语文以及数学学科的三个案例来具体说明深度对话教学的基本流程。

【案例1】科学

成师附小万科分校大综合项目设计（学科内：科学）

设计者：杜伯霜

一、教学内容

学科内的项目活动《创意海绵社区，优享生态环境》中的第一课《设计我们的海绵社区——水域篇》

二、教材简析

单元主题	单元目标	课题	结合学段与单元目标确定本课时目标
神奇的社区生物	（1）认识社区水域与非水域的"生态系统"，理解生物和非生物在一定区域内相互作用、相互依存，会形成一个密不可分的整体。 （2）通过设计生态瓶方案、神奇生物标本展览会，运用六顶思考帽的思维工具开展小组讨论的方法，提升小组合作的实效性。 （3）体会相互听取意见、共同协作的重要性，体验合作学习的成就感	设计我们的海绵社区——水域篇	（1）认识"生态系统"，理解生物和非生物在一定区域内相互作用、相互依存，会形成一个密不可分的整体。 （2）通过设计生态瓶方案，运用六顶思考帽的思维工具开展小组讨论的方法，提升小组合作的实效性。 （3）体会相互听取意见、共同协作的重要性，体验合作学习的成就感

三、学生前端分析

学生生活经验：学生在前面的学习中，已经了解了一些生物与生物之间存在的食物关系。

学生学习兴趣：生活中，学生对各类生态系统有初步的了解，比如一个池塘、一片森林等。

学生学习困难：对生态系统中各生物与非生物之间相互依存与制约的关系的理解；小组讨论参与不全面、无序。

四、教学设计突破

教学重难点	(1) 教学重点：运用六项思考帽的思维工具设计一个生态瓶建造方案。 (2) 教学难点：根据生态系统中生物与非生物之间相互依存与制约的关系改进生态瓶建造方案
核心问题	怎样改善社区的水域环境？
大综合设计亮点	本课例着力体现科学学科内的项目活动，让学生在复杂的、有意义的、真实的情境下学习，因此构建情境、提出问题对教学至关重要。在教学过程中，我们通过调查问卷聚焦社区的水域环境问题，创设情境并提出真实性的问题（任务）——如何改善社区水域环境，这个问题（任务）不仅能使学生获得真实的体验，更是需要符合学生的成长背景和认知水平，这样才能激发学生的兴趣，使学生主动参与到分析问题、解决问题的过程中。在项目活动中，通过融通科学学科素养，围绕着关键能力学习和掌握相关的学科知识，最终建构知识体系并形成正确的价值观、人生观、世界观。 同时，在整个教学过程中，我们充分重视学生的主体地位，让学生成为解决问题的主体，而教师则成为学生解决问题、建构知识体系过程中的参与者、督促者和帮助者。我们希望通过"创意海绵社区，优享生态环境"这一具体的教学项目来引发学生对城市环境问题的关注和热情，让他们在实际的教学参与中收获关于环境的知识、认识环境的复杂性、加强环保意识，不断提高解决环境问题的能力和责任感，培养创新精神和实践能力，并构建属于自己的知识体系

五、教学流程

教学板块	动力导航（或学生活动）设计	教师引导预设	设计意图
一、认识池塘生态系统	(1) 观看视频：根据课前收集的资料对社区水域进行分析。 (2) 同桌讨论：池塘中有哪些生物和非生物？它们之间有什么关系？发现它们之间的关系后在池塘图上标注。 (3) 在教师的引导下概括生态系统：像池塘里的生物和非生物这样，它们互相作用、互相依存，形成了一个密不可分的整体，我们就可以把它们看成一个生态系统	(1) 在前一段时间，同学们都对自己生活的社区的水域进行了调查，我们先来看看大家调查的结果。（视频）视频中社区的水域有什么共同的问题？ (2) 我们生活的社区，应该是生机勃勃的，这样才会让人感觉心情舒畅。所以社区的业主们都想改造这些水池。同学们作为社区的小公民，都应该充分利用自己的智慧，为社区家园贡献力量。我们先来看看生机勃勃的池塘是什么样的？ (3) 引导学生对池塘里生物和非生物的关系进行小结： ①动物之间有什么关系？ ②植物和动物之间有什么关系？ ③非生物和生物之间有什么关系？	创设具有挑战性的真实问题情境。建构生态系统科学概念

续表

二、设计生态瓶	(1) 小组讨论：做一个生态瓶需要考虑些什么问题？ (2) 全班交流小结： ①生物种类和数量； ②非生物种类和数量。 (3) 每人用图文结合的方法记录下设计方案。 (4) 四人小组运用六项思考帽的思维方式，分析四个人的方案，然后设计小组最终方案。 (5) 各小组分享自己的设计方案，并组织全班对自己小组设计的方案进行分析	(1) 今天我们就一起利用刚学习的关于生态系统的知识，模拟池塘设计制作一个生态瓶，生态瓶方案测试好了以后，我们再来为社区设计方案。 (2) 接下来要开始设计了，我们用图文结合的方法记录设计方案，如标注水位，放两条鱼就画两条鱼，并文字标注"鱼×2"，教师也在你们的记录单上画好了瓶子，现在开始设计吧！ (3) 请各小组运用六项思考帽的思维方式，分析四个人的方案，整合小组的优点，在小组记录单上设计你们小组的最终方案。 (4) 你们小组的设计方案是什么样的？ (5) 小结：改进时要保留原设计优点，改进原设计的不足。由此可见，相互听取意见、共同协作非常重要	培养设计实验的科学素养及小组合作思考讨论的跨学科素养
三、制作生态瓶	(1) 学生示范放入材料在鱼缸里，全班观察，分析讨论放入顺序。 (2) 交流放生态瓶的环境：通风、有阳光	(1) 制作生态瓶正确的放入顺序是什么样的呢？今天教师也带来了这些材料，请一个同学来帮我放进我的瓶子里，其他同学注意观察他放的顺序对不对。 (2) 做好的生态瓶放在什么样的环境中比较合理？	指导学生科学开展课后观察实验

【案例2】语文

成师附小万科分校大综合项目设计（学科内：语文）

设计者：魏洁

一、教学内容

北师大版语文教材　三年级下册　五单元　第2课时

二、教材简析

单元主题	单元目标	课题	结合学段与单元目标确定本课时目标
智慧	（1）正确、流利、有感情地朗读课文，自读《"发明大王"的秘诀》，感受智慧的意义，体会智慧来源于创造力、知识、经验、意志品质、情感。 （2）练习概述课文内容。 （3）认字27个，写字23个。学习多音字"几"。继续练习独立识字。 （4）理解"垂头丧气、疑惑、胸有成竹、得意洋洋、讥讽、轻蔑、转败为胜、熟悉、出色、威胁、一筹莫展、绝望、束手无策、思索、恢复"等词语在课文中的意思。 （5）学句子，写句子，提高写作能力。 （6）畅所欲言、初显身手和笔下生花要相结合，在活动中交流、阅读、习作，通过活动加深对"智慧"的认识。学习叙事时要交代清楚时间、地点和人物，交代清楚材料、工具和过程。 （7）培养收集资料、筛选资料的能力	用冰取火	情感与态度： 引导学生在绝境中冷静，不放弃任何一丝希望和找寻身边资源解决问题是一种智慧。 知识与能力： （1）引导学生有感情朗读课文中环境的艰难。 （2）引导学生合理想象恶劣环境中作为科考队队长的"我"的心理活动。 （3）使学生充分理解智慧在这篇课文中的具体含义。 过程与方法： （1）引导学生运用教师给的资料身临其境地感受"我"的复杂的心理。 （2）引导学生通过排比的修辞手法把心理活动写得更为完整，更有层次

三、学生前端分析

学生生活经验：本文事情发生背景在冰天雪地的南极，首先，孩子们对其了解并不多，孩子们不能深刻体会在南极恶劣环境下，火对于探险队员的重要性。其次，学生对死亡没有过多的理解，不能深刻体会由于没有火探险队员陷入困境的绝望，也不能感受探险队员用冰取到火的智慧是多么可贵。

学生学习兴趣：①知识链接：本文第6自然段，年轻探险队员用材料和工具制作出"冰透镜"取得火，孩子们能够找到动词，并用表示顺序的词"先—再—然后—最后"来连接动词，对于我们年级的孩子来讲，虽然是重点，但已经不是难点；②学生本身对这样的科普类加探险类的文章很感兴趣，所以很适合带着兴趣学习本文。

学生学习困难：①用完整生动的话去表达探险队员们陷入绝境的心理；②用一段话来表达自己的感受。

四、教学设计突破

教学重难点	（1）教学重点：引导学生运用教师给的资料身临其境地感受"我"的复杂心理。 （2）教学难点：使学生充分理解智慧在这篇课文中的具体含义
核心问题	引导学生如何还原日记
大综合 设计亮点	（1）站在学生的学情立场上，以还原日记这个核心活动为依托，提高学生参与学习的主动性，以及学生内心对于文中人物处于艰难时刻的艰难心理的理解，丰富人物的智慧形象，以读促写，提升学生的高阶思维。 （2）在学生年段特征的基础上，以想象为切口，以课中补白为手段，提升学生与文本对话的能力

五、教学流程

教学板块	动力导航 （或学生活动）设计	教师引导预设	设计意图
一、整体感知引入，复述课文大意	说说这篇课文讲了一个什么样的故事		整体感知，回溯课文内容
二、引入日记，体会火的重要性	（1）师引导出乔治这个队长的日记。指导"甚至"的写法（还原日记第二稿）。 （2）师再指导大家的表现。 （3）师：为什么我们要拼命找打火器？ （4）师：我们此刻在一个怎样的环境里？看看第一自然段，哪些词语让你感受到了火的重要性。 （5）师导读	（1）生：因为没有火，就不能工作；没有火，就不能生活；没有火，生命就受到威胁。 （2）生：零下二十摄氏度；几乎使人感觉不到温暖	层层推进，学习修正
三、重点指导学生心理活动描写	（1）师：在这样的情况下，我会想到什么？ （2）师指导学生把心理活动写具体。 （3）师再用排比句式描写具体心理活动。 （4）（还原日记第三稿）出示动力导航：请你和你的四人小组讨论，再次对你的想法进行修改	（1）生自行合作想象。 （2）师板书：队友、亲人、朋友、祖国	合作想象，说清内心的心理活动

| 四、对比显见主题 | (1) 师总结，理解词语。
(2) 师：我们看丹尼尔想了一个什么办法？请找到用冰取火中的动词。
(3) 师：请你用"先……然后……接着……再……"的格式说清楚。
(4) 师将后面的文章导读完。
(5) 师：咱们这个单元的主题是智慧，那么你觉得丹尼尔的智慧表现在哪里？（还原日记第四稿） | 生：一筹莫展、束手无策 | 对比参照，突出中心 |
| 五、整体回顾 | (1) 呈现整篇日记。
(2) 师总结 | | |

【案例3】数学

成师附小万科分校大综合项目设计（学科内：数学）

设计者：黄丽

一、教学内容

北师大版数学教材　四年级下册　四单元　第2课时

二、教材简析

单元主题	单元目标	课题	结合学段与单元目标确定本课时目标
图形与几何《认识三角形和四边形》	(1) 经历量、摆、拼等直观操作活动，认识三角形、平行四边形和梯形的特征，以及它们之间的联系，进一步发展空间观念。 (2) 了解三角形、四边形的分类情况，探索三角形三边之间的关系和三角形的内角，在亲历探索发现的过程中，体验数学思考与探究乐趣，激发数学学习的乐趣。 (3) 体会不同的分类标准在图形中的意义，感受量、摆、拼等直观操作活动在探索图形性质中的作用。 (4) 能运用所学知识解释生活现象，感受数学与生活的紧密联系	三角形分类	(1) 通过实际操作、探究，掌握三角形的分类标准及方法。体会每类三角形特征，并能够识别直角三角形、锐角三角形、钝角三角形、等腰三角形和等边三角形。 (2) 在实际操作中体验分类策略的多样性，并学会分层、有序地描述分类活动过程。 (3) 让学生在探究过程中，培养学生的观察、比较、操作能力，发展空间观念

三、学生前端分析

学生生活经验：学生在生活中对直角三角形、等边三角形等特殊的三角形有一定的了解。

学生学习兴趣：通过学具操作对三角形进行分类，学生有丰富的生活经验，可以很快入手，但是学生容易把"按角分"（或"按边分"）当成是三角形的分类标准，这是一个常见的错误，这个错误让学生造成一个盲区，无法描述自己的分类的思维过程，也无法说明自己的分类是否"不重复不遗漏"。

学生学习困难：学生不能对三角形分类标准做准确表达。在操作过程中没有深度的数学思考，没有深度思考的操作是凭感觉走的。

四、教学设计突破

教学重难点	(1) 教学重点：通过思考，自主探索、合作交流，分别从三角形的角和边这两个方面的特征，对三角形准确地进行分类。 (2) 教学难点：体验分类策略的多样性，并学会分层、有序地描述分类活动过程；掌握各类三角形的特征以及各类三角形之间的内在联系
核心问题	你是按照三角形的什么特征为标准来分的？ 三角形角的什么特征？ 三角形边的什么特征？ 你有什么发现呢？
大综合设计亮点	(1) 本课例着力深度教学的案例，内容是在学生学习了直角、锐角和钝角，以及认识三角形特性的基础上进行教学。孩子们通过学具摆出 13 个三角形，从而引入新课，激发学生的学习兴趣，让学生学得轻松有趣，学得自然顺畅，为下面的探求新知做好铺垫。在教学中能根据教材固有的特点和学生的实际情况，通过观察、操作、比较、合作、自学的方法引导学生发现三角形的角和边的特征，会给三角形进行分类，能理解掌握三角形种类的特征。 (2) 三角形的分类有两种不同的标准，可以有角的大小作为标准来分，也可以有边作标准来分。始终以学生活动来完成比较抽象的分类方法的教学，这比较有利于学生知识的内化，也充分体现了以学生为主的教学理念。如按角分类、按边分类等环节都给学生创造了动手的机会，调动了学生的感知，让学生获得最直接的经验

五、教学流程

教学板块	动力导航 （或学生活动）设计	教师引导预设	设计意图
一、课前准备——拼三角形	同桌合作：利用扣条拼出屏幕上的三角形。为新课学习做准备	同学们，我们上节课用这个扣条围了很多三角形，今天这节课还想继续玩吗？你能快速地拼出屏幕上的三角形吗？同桌两个人合作，看看哪组最快。全班检查拼的三角形是否正确	在动手操作中初步感受三角形的特点，积累三角形三边关系的活动经验

| 二、自主探索
(1) 对三角形分类——感受三角形的特征。
(2) 解读分类标准——认识直角三角形、钝角三角形、锐角三角形、等腰三角形、等边三角形 | 1. 动力导航
(1) 同桌合作，先说一说你打算怎么分，再动手分一分。
(2) 同桌完成后，在四人小组一说你是怎么分的，看你们的想法是否一样。
时间：5 分钟
2. 学生汇报
预设 1：按角分
追问：请问你们是按照角的什么特征为标准分的？
生：按照是否有直角分成有直角的和没有直角的。对于没有直角的还可以继续分为没有钝角的和有钝角的。
小结：也就是首先按照有无直角分成了两类，然后对于没有直角的按照有无钝角又分成了两类，也就是没有直角但是有钝角的；既没有直角也没有钝角的。
生：虽然分的过程不一样，但是最后分出的结果都是一样的。
小结：我们按照角的特点把直角的叫作直角三角形，有钝角的叫作钝角三角形，三个角都是锐角的叫锐角三角形。
预设 2：按照边来分
生：按照三条边相不相等来分。
生：三条边都不相等和三条边有两边相等；有两条边相等的继续分为三边都相等的和只有两条边相等的。
学生展示
3. 认识等腰和等边三角形
生：两条相等的边叫作腰，对应的两个角相等，这两个相等的角是底角，上面的这个角叫顶角。三条边都相等的三角形三个角也相等。
三边都相等肯定也满足两边相等，所以是特殊的等腰三角形。
小结：按照角分按照边分，强调每次都是分了两次，结果都一样 | (1) 孩子们太棒了，每个组都做到了，这么多三角形看得有点眼花，我们可以把它们分分类。今天我们就来研究三角形分类。(揭示课题)
(2) 请谁来汇报一下。
小组汇报：
解读自己的分类标准
引导学生有序地思考
过渡：这个组按照角进行分类，最后分成了这三类，有没有也是按照角分类但是分的过程不一样的。
学生展示（从钝角入手）
引导发现：通过刚才这些分法，你发现了什么？
过渡：刚才大家按照角来分的，还有不一样的分法吗？
追问：能把你分的过程一步步说清楚吗？
引导：有没有也是按照边分，但是过程不一样的。
小结：我们发现都按照边分，虽然过程不一样，但是最后分出的结果是一样的。这三类结果中有两个比较特殊的：两条边相等的，三条边都相等的。
(3) 请每个人马上用扣条做出两个这样的三角形，观察一下这两个三角形你有什么发现。
认识等腰三角形和等边三角形。
像这样三条边都不相等的叫作不等边三角形；有两条边相等的叫作等腰三角形；三条边都相等的叫作等边三角形。
我们也可以说等边三角形是特殊的等腰三角形，怎么理解呢？
小结：通过刚才的分类活动，谁来总结一下三角形我们可以怎么分，结果是什么？ | 体会三角形分类的必要性，动手中初步感受不同三角形的特征。
通过对分类标准的解读从"角"的角度认识三角形的特点，感受"按角分"的不同策略都把三角形分成了三类，但是最后分成的类别是一样的。为认识钝角三角形、直角三角形、锐角三角形积累活动经验。
通过按照边来分，找到两种特殊的三角形，动手操作观察认识等腰和等边三角形的特点。
全班动手操作中体会这两类三角形的特点 |

三、巩固应用——在活动中进一步认识三角形的特点	(1) 学生动手操作。 (2) 课后练习1题。 (3) 课后练习2题	(1) 根据要求比赛拼一拼。 (2) 说清自己的想法、判断依据。 (3) 解题思路，进一步认识三角形的特点	对三角形特征进一步认识
四、反思总结	畅谈收获	通过本节课对三角形进行分类，你有什么收获呢?	

第五章 大：促进儿童高阶思维的大综合课程实践探索之三

如何通过大综合实践学习促进儿童高阶思维的发展？我们以高阶思维发展为核心价值追求，依据大综合实践学习模式的本质内涵，建构出指向儿童高阶思维发展的大综合实践学习。

一、以"大主题"统合

大综合实践学习以"大主题"为统合，往往关注真实的，具有普遍性、热点性、争议性的社会话题、主题或问题，通过整合相关学科知识或重新选择知识素材，构建聚焦时下而又面向未来的整合性课程体系，推进学科内外知识的深度融合。这样的学习内容广，将学生的学科学习与社会生活、知识获得与思维发展有机融合，强化课程内容的综合性和实践性；教育主体多，激活和调动多方面的教育资源，在真实的问题情境中，协助引导学生完成知识建构与思维发展。

（一）大主题——共享社区，分享生活

"共享社区，分享生活"源于当下的一个热词——共享。共享已成为一种势不可挡的社会发展趋势和社会常态，在这样的大背景下，学生所熟悉的社区在未来会以一种怎样的形态出现呢？我校是万科小区的配套小学，作为社区小学，同学们既是同学，又是邻居，社区是孩子们共同的家园，我们的项目是要解决社区生活中真实存在的问题。基于以上两点，我们确立了"共享社区，分

享生活"这个项目主题。在这个大主题下，开发了三个子项目。

	解决小区停车难问题
共享社区，分享生活	解决学校进校难问题
	解决回家 100 米拥堵问题

【案例 1】解决小区停车难问题

Part 1：What can we do？**我们能做什么？**

经过三年级 214 名同学对社区不同年龄段居民第一轮的"社区最不方便"社区文字调查统计后，孩子们发现"社区最不方便"的方面聚焦在了"停车""买菜""出行""购物""餐饮"五大问题上。

在初次调查的统计结果基础上，学生设计实施第二次"社区最不方便"的调查，此次调查不仅以文字的方式调查社区居民的意见，并以图片采样的方式收集社区中真实的实景情况。

对于平时以"读读""抄抄""背背""算算"为主要学习方式的孩子们来说，与小区不同年龄层次的陌生邻居沟通，如何开场、如何让别人接受自己的调查，是一次不小的挑战。另外，在中学阶段才涉及的统计、总结等数学知识的运用也为项目实施增加了难度。

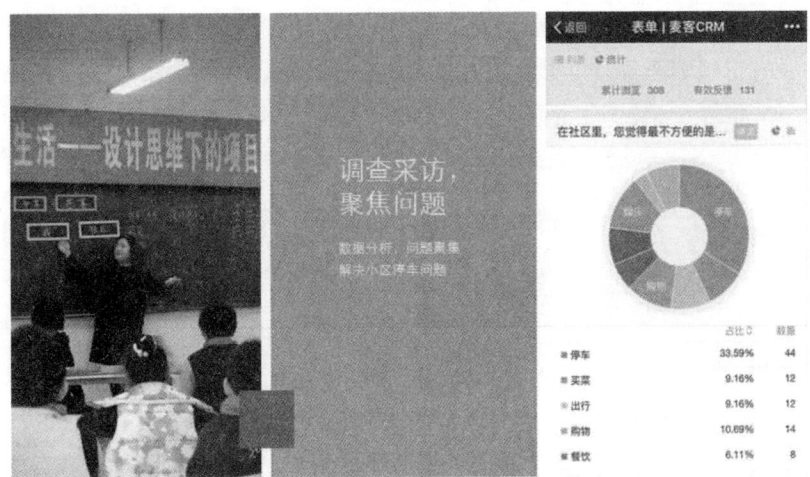

Part 2：Why do we do it? **为什么做**？

学生们根据前期两次调查数据分析，结合自己及家庭在社区生活中面临的问题，在班级汇总时开展头脑风暴。从数据分析、自身需要、家庭希望等方面进行汇总、讨论、争论、妥协，最终将问题聚焦在了"解决小区停车难"问题上。

一个看似简单的选择，需要通过逆向思维去寻根溯源，教会学生的不仅是分析问题，沟通、表达的能力，更是在团队中坚持自我和放弃、妥协的真真实实的团队协作实践。

Part 3：How to do it? **怎么做**？

有了目标（What），就需要思考产生这一问题的原因是什么（Why）。学生再一次走进社区，用"采访邻居""物管调查""现场拍照""自己家庭总结"等方式进行实地考察研究、总结、汇总，最终归纳为"车多""车位用地少""管理不善"这三大问题。再通过这"三大问题"产生的途径逆向思维，寻求解决方案（How），实现思维的逻辑力、连贯性的建构。

在一系列的发现、思考、探寻、追问、再发现和总结后，孩子们在遵循头脑风暴中畅所欲言和不加评判的原则下，提出了五花八门，在我们眼里看来不可思议的解决停车问题的方案，厚厚一叠，不少于 100 个的奇思妙想。我们坚信，任何一个想法都可能是创新的突破点，孩子们第一次发现自己的异想天开是一种设计、一种创新，能够从中收获到创造力方面的自信。

同学们在彼此之间寻找到方案的相似点并再一次自主组合。把原本一个个相似却不同的点子进行一次次的组合、分类和价值衡量，优化为最终方案，并做出最佳选择。学生在这个"思维发散"到"思维聚合"的过程中，实现了从

"创造多种选择方案"到"做出最佳决定"的转变，实现初步阶段的最佳"配置"，形成了"磁悬浮停车场组""摩天轮停车场组""折叠汽车组""阳台停车场组""平台停车组""生态停车场组""无人驾驶组""超级停车泡泡群组"等小组。

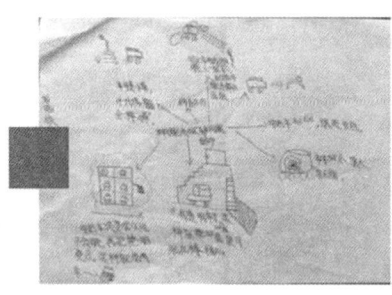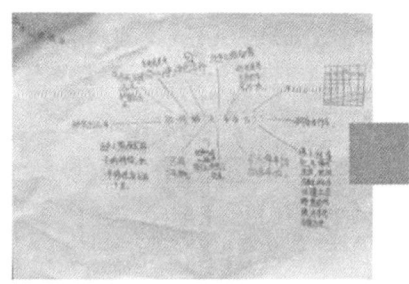

Part 4：Demo meeting **分享设计、优化预案**

学生通过画设计图、初拟方案、课件演示等形式，将自己的设计构想描绘出来。在之后的"我为停车献计策"的分享课堂中，各个小组分享自己的设计方案，其他小组的同学担任大众评委，针对"大众评委"对其方案提出的质疑，分享组进行现场答疑。在这一过程中，问题促进了设计方案的改进。

同时，我们的校外辅导员导师——建筑专家赵叔叔对学生的设计稿进行点评，并指出有待改动之处。各组对自己的设计进行进一步的改进。

一组组的讲解演示、一次次的质疑、一次次的答辩……孩子们锻炼的不仅是团队合作力和口才，更是"逆向思维""批判思维"等高阶思维能力。

**设计方案，
交流改进**

升降玻璃门
游泳池停车场

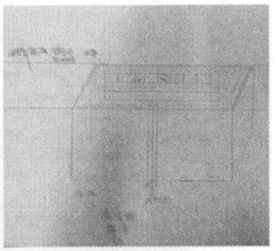

设计方案，交流改进

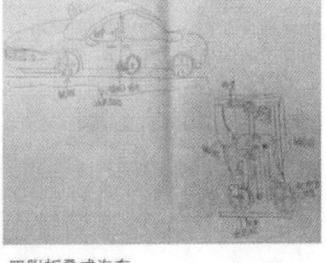

吸附折叠式汽车

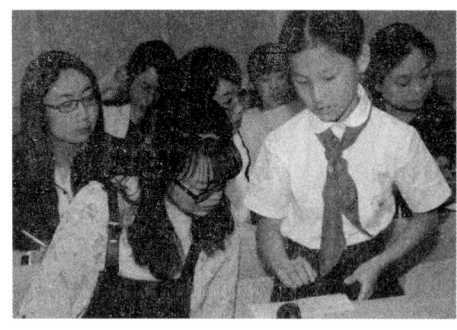

Part 5：Demo intro **产品引资会**

经过上一轮质疑、讨论的分享交流会，各组再一次将自己的构想进行改进，甚至开始了组与组之间的合作，同学们都为课程展示的最终环节努力着。

在最终环节中，学生将选择不同的材料将之前具有蓝图性质的平面设计图纸转换成立体多维的物化模型。

模型两字看似简单，但真正要在现实中实现"磁悬浮"的车辆漂浮、"生态停车场"二氧化碳和氧气的可视物理真实转换、"阳台停车场"的空间组合变化、"摩天轮停车场"的搭建和制作等都是极具挑战性的。但是，孩子总是能带给我们一次次的惊喜。

"磁悬浮停车场组"利用强力磁铁的两极和线圈磁场搭建了绿化面积和地面面积利用率极高且"车模型"悬浮的模型。

"生态停车场组"用真实的泥土、植物，以仿钢结构和螺旋转盘形式搭建了一个二氧化碳与氧气转化的模型实例。

"摩天轮停车场组"运用平时玩耍的"小磁片"搭建了摩天轮的基础模型，并借鉴"磁悬浮停车场组"利用的原理，运用磁力将"车辆"一个个吸附在摩天轮上。

最让人惊叹的莫过于"无人驾驶组"和"超级停车泡泡群组"的组合了。同学们不仅利用乐高制作了模型车，其中三个孩子还自己为模型车编写了程序，以便在手机上遥控。他们给模型车加上了"太阳能板"，在原来"无人驾驶"的想法上加上了"环保新能源"的概念。

"超级停车泡泡群组"更是自豪地拿出了自主开发的"共享车位"App。原来，在这个系列课程开始最初，他们就提出了这个设想，并于 2017 年 3 月完成了初步设计图和方案，而当时并没有如此准确解决共享车位问题的平台。然而，在 4 个月后的 2017 年 7 月，5~6 家"共享车位"App 先后推出市场，而其使用方法和流程，和这群当时只有小学三年级的学生的设想几乎完全一致。

最让人感动的是"阳台停车场组"和"平台停车组"的组合，各有 8~9 人的小组合并后人数达到 17 人之多。在前期，就怎样让车上楼的问题，大家各抒己见，最终在团队一次次的磨合交流中统一了意见。建模更是经历了"软纸张""木料""泥塑""单纸壳""复合纸箱"等多种材料的尝试，一次次失败的经历，让孩子们收获的不仅仅是日渐成型的模型，更有对材料学的认识，对空间组合的构建和接榫结构的研究，还有在这个大队伍中如何朝着共同的目标协力合作。在最终的演示中，这个 17 人的大组由于人数太多，教师建议组长不必所有人都站上台去，这样会影响演示效果。可是最终，这 17 个孩子都齐扑扑站了上去，有的侧着身子，有的蹲在演示文稿两边……组长理直气壮地说："我们是一个团队！"

——成都师范附属小学万科分校创新育人模式探索

 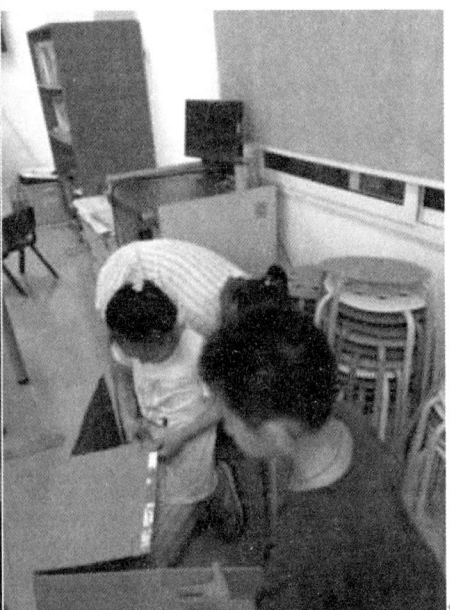

这一个个团队，在一个个挑战面前，在一次次质疑中，在一番番思维与智慧的较量中，成长、蜕变。

这种饱含着智慧、知识、情感的成长，能让学生有足够的勇气和能力去面对未来的挑战。

（二）大主题——神奇的科技力量

科技最能诱发孩子们的好奇心、求知欲及探索精神。我们设计了以"神奇的科技力量"为大主题的科技探索课程，从孩子们身边常见的现象出发，激发他们去探究科技的奥秘，培养他们的实践能力及科学精神。在这个大主题下，开发了三个子项目。

	纸桥承重大赛
神奇的科技力量	奇妙的泡泡
	百变快递盒

【案例 2】纸桥承重大赛

我是最牛的纸桥设计大师

科学的世界充满了无穷的奥秘，每一个孩子的心中都有一个科学家的梦。你还记得小时候你的科学梦是什么吗？

2019 年 3 月 28 日—3 月 30 日的午后，阳光沐浴着每一张兴奋的笑脸，成师附小万科分校的操场和阶梯教室再一次被孩子们的科学热情所"燃爆"。还记得那一次次调整纸桥的画面吗？还记得伙伴们发出的尖叫声吗？

为了激发学生对于科学知识的兴趣，同时提高孩子们的实践动手能力和创新能力，我们在本次科技节开展了丰富多彩的活动。其中，最受同学们喜爱的是集创新、团队合作与动手能力于一体的"纸桥承重大赛"。经过各班激烈的角逐，在同学们的热切期盼中，终于迎来了纸桥大赛的决赛。各班分别推选了一名代表来参加低、中、高段决赛，参赛选手们不仅是为自己而战，更是代表全班来与其他班级一争高下。

比赛共分为两个环节：一是每位选手进行 1 分钟的作品介绍，观看班级的同学分别为选手投票，按票数评选人气奖；二是对各个作品进行桥体承重测量，十斤一摞的书依次往桥上累加，直至纸桥倒塌，并根据各纸桥的承重评选出一、二、三等奖。

在本次比赛中，我们看到很多优秀的作品，每份作品都是参赛选手智慧与汗水的结晶，更是孩子们理论知识与创新能力的见证。

比赛有限，创意无限，科学的探究无限。本次"纸桥承重大赛"结束了，但孩子们在比赛中呈现出的团结精神、拼搏精神将一直传承，帮助他们成长为更好的万科少年。

（三）大主题——童心向党迎百年，红色基因代代传

2021 年是中国共产党建党 100 周年，为庆祝中国共产党成立 100 周年，深入贯彻落实习近平总书记关于少年儿童和少先队工作的重要论述，切实抓好青少年爱国主义教育，我校开展以"童心向党迎百年，红色基因代代传"为主题的系列活动。通过各种活动，引导红领巾们争做时代新人，走好新时代的长征路。在这个大主题下，开发了四个子项目。

	追寻百年奋斗史　传承红色基因
童心向党迎百年， 红色基因代代传	讲述红色故事　传承革命精神
	童心逐梦致敬百年——红色戏剧
	童心向党书韵飘香——红色书本

【案例 3】传承红色基因

追寻百年奋斗史 传承红色基因

白驹过隙，岁月如梭，转瞬之间，中国共产党已经走过 100 年的风雨，经历了 100 年的坎坷与辉煌。在建党 100 周年之际，成师附小万科分校开展了以"探索中国历史，演绎红色文化"为主题的寒假实践活动，孩子们重温红色故事，探寻红色足迹，用自己的方式表达着对党和祖国的爱。

1. 聆听红色故事，弘扬红色精神

沐浴着晨曦的阳光，党的光芒照耀着每一寸土地，回首眺望过去的每一步，都是那样曲折不平，一个个脚印记载着多少风雨沧桑，知史爱党、知史爱国、知史明责，过去的历史不能遗忘，红色记忆应牢牢印在心间。孩子们通过长辈讲述，了解了一个又一个感人至深、催人奋进的红色经典故事；通过自主学习，知道了党的光辉历史，从孩子们认真的眼神中我们可以看出红色种子已经悄悄地埋在了这群少年的心中。

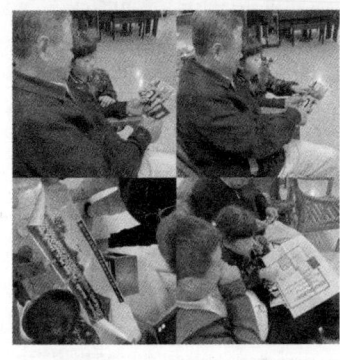

2. 探访红色足迹，传承红色基因

万科学子们不仅在书本中汲取营养，在故事中深化情感，还走进了建川博物馆、人民英雄纪念碑和磨西天主教堂等红色基地，寻找红色记忆，学习红色

文化，感受革命先辈英勇无畏的精神。孩子们在探访中学习，在学习中奋进，并且用行动展示着对党和祖国最真切的爱，赶快跟着他们的脚步一起去看看吧！

探访红色足迹：

建川博物馆　　　　　　　　　　人民英雄纪念碑

遵义会议会址　　　　　　　　　磨西天主教堂

作品展示：

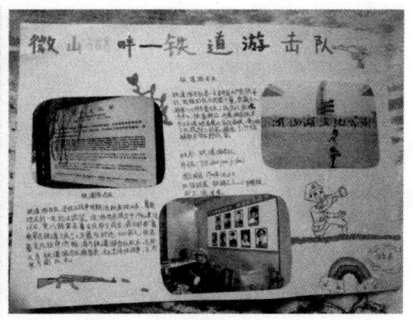

二、以"大概念"统领

聚焦高阶思维的大综合育人，是以"大概念"为统领。在知识指数级增长的新时代，浅层的知识教学已不能满足学生素养的发展需求，教育教学应致力于帮助学生掌握概念、发展思维，促使其获得可迁移的概念理解力、解决复杂问题的思考力和创造新观点的生长力，即基于大概念开展教学。围绕大概念进行学科知识统整，展开学科实践学习，通过概念的掌握理解学科的知识结构，是高阶思维发展的基础。

（一）【案例 1】制作学校立体模型

大概念统整下的学科内项目式学习探究
——以数学"制作学校立体模型"项目为例

成都师范附属小学万科分校　刘莉　左楷　谭坤银

2018 年 1 月，教育部发布最新普通高中课程标准，明确指出"进一步精选了学科内容，重视以学科大概念为核心，使课程内容结构化，以主题为引领，使课程内容情境化，促进学科核心素养的落实"。[①] 学科大概念是学科内具有统领性的重要大概念，是在具体学科知识中起到组织作用的关键概念，是

---

① 中华人民共和国教育部. 普通高中课程方案（2017 年版）［S］. 北京：人民教育出版社，2018：4.

能够促进理解更复杂概念、解决更复杂问题的关键知识。在国家课程体系相对完备，教学方法和学习方式都趋于成熟的义务教育阶段，大概念作为课程设计的核心，其作用如何体现和实现呢？在实践探索中，我们发现基于学科大概念进行知识统整的学科内项目式学习设计，能够很好地促进学生对学科核心知识的理解和掌握。以成师附小万科分校六年级项目式学习"制作学校立体模型"为例，论述基于大概念统整下的数学学科内项目式的设计策略。

1. 明晰大概念——项目式学习设计的原点

韩国天主教大学的邦·达米（Bang Dami）研究团队以大概念为中心开发了金字塔模式的小学综合科学课程框架①，金字塔模式由形成大概念、建构知识金字塔、确定基本问题、开发示例模板四个部分组成，这一设计模式在进行项目式学习设计时也是同样适用的。其具体步骤如表 5-1 所示。

表 5-1　金字塔模式的小学综合科学课程框架

课程设计的步骤	1. 形成大概念	分三个阶段进行：查阅文献，理解大概念—根据课标和教科书提取基本学习要素—将大概念与基本学习要素进行分类对应
	2. 建构知识金字塔 知识金字塔	（1）借助 KDB 模式（Know-Do-Be，可译为知识—行为—态度）对大概念进行表达。 （2）知识包括事实和概念（知识的层次性可以体现在知识金字塔中）；行为包括技能与研究；态度包括信仰和态度
	3. 确定基本问题	针对大概念提出基本问题（核心问题），可以是几个

① 李刚，吕立杰. 国外围绕大概念进行课程设计模式探析及其启示［J］. 比较教育研究，2018，40（09）：35-43.

课程设计 的步骤	4. 开发示例模板	借鉴逆向设计模式与《追求理解的教学设计》中的 WHERETO 模板开发示例模板。 W=帮助学生知道此单元的方向（Where）和预期结果（What），帮助教师指导学生从哪（Where）开始（先前知识、兴趣）？ H=把握（Hook）学生情况和保持（Hold）学生兴趣。 E=武装（Equip）学生，帮助他们体验（Experience）主要观点和探索（Explore）问题。 R=提供机会去反思（Rethink）和修改（Revise）他们的理解及学习表现。 E=允许学生评价（Evaluate）他们的学习表现及其含义。 T=对于学生不同的需要、兴趣和能力做到量体裁衣（Tailor）（个性化）。 O=组织（Organize）教学使其最大程度地提升学生的学习动机与持续参与的热情，提升学习效果

（1）遴选大概念。

如何确定大概念，克莱茨科（Krajcik）在《K-12 科学教育框架：实践、共通概念及核心概念》制定过程中提出了大概念的遴选原则：

①学科显著性，即在该学习领域具有广泛的重要性且是关键的组织概念。

②解释能力，大概念能解释领域内的其他概念及问题。

③一般性，能作为理解或探究更复杂概念的关键工具。

④与生活实际紧密关联，包括两方面，既要与学生的生活体验和兴趣紧密相关，还要与重大社会生活议题相关。

⑤持续延伸性，大概念需从幼儿园到 12 年级都具有可教性与可学性。[①]

基于这样的原则，结合教材六年级下期的数学综合实践活动课程，我们确定了"图形缩放"这一大概念。这一概念是数学几何领域概念的高度统整，是一般性的概念，同时与学生的生活实际联系也十分紧密。

---

① 郭玉英，姚建欣，张静. 整合与发展——科学课程中概念体系的建构及其学习进阶 [J]. 课程·教材·教法，2013，33（02）：44-49.

（2）建构概念金字塔。

"图形缩放"统整了图形认识、测量、图形运动、比例、方向与位置等核心概念，同时涵盖了立体图形缩放、平面图形缩放、线段缩放等内容维度（如图5-1所示）。

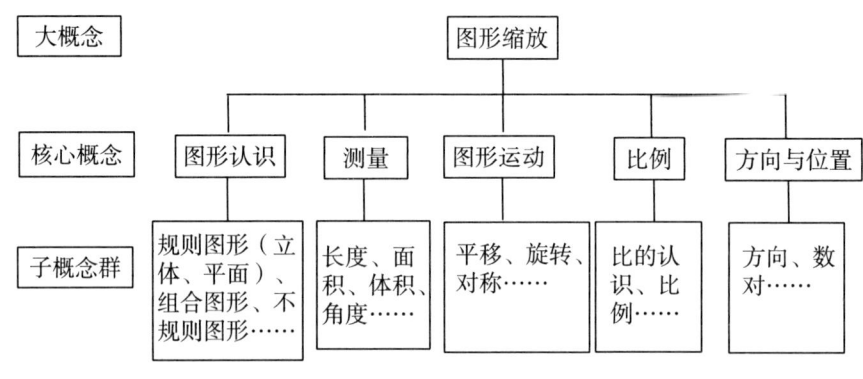

图5-1　"图形缩放"概念金字塔

（3）确定项目化学习内容（或核心知识）。

基于对大概念的解析，结合对学生空间观念、综合应用意识、非常规问题解决能力培养的需要，我们设计了"制作学校立体模型"这一项目化学习内容。本项目在大概念"图形缩放"的统整下，让学生重点探究点、线、面、体的空间关系、实物与模型的比例关系，最终掌握图形缩放的一般方法：立体图形按比例缩放，转化为平面图形按比例放缩，进而从组成平面图形的线段缩放去思考，线段的放缩可以借助于线段上的关键点的数对进行思考——图形缩放只需对关键点的数对数据进行按比例缩放。

2. 探索驱动问题——项目式学习设计的关键点

根据"金字塔模式"，确定核心概念后，就需要确定基本问题，在项目式学习设计中，这一步骤就是要去探究项目的驱动问题。驱动问题主要由两部分组成：本质问题和驱动情境。

（1）明确本质问题。

本质问题是从具体内容问题提升总结而来的核心问题，是真实情境性问题转化而来的概念性问题，是基于学科核心知识的问题设计，指向的是学生的高阶思维和能力的培养。在实践中如何确立本质问题呢？

①基于学科领域的核心知识，即在大概念之下的核心概念中选择一个和几个进行设计，将学科知识作为本质问题设计的内容来源。

②联系学生的学习经验，即整合学生在学习某一大概念之下的子概念时所

产生的认知冲突，以及学生在实践操作中遇到的困难和疑惑，提炼出体现满足学生学习需求的，且与学科知识相关的概括性问题。

③基于学生的能力生长点——核心技能，即根据当前学生所需建构的核心能力，设计促进这一能力形成的问题，通过解决这一本质问题，学生的某种核心能力能够得到有效发展。

在进行"制作学校立体模型"这一项目中，我们所设计的本质问题为：在实物模型制作中，如何处理好物体各部分之间以及各物体之间的空间关系？如何处理实物与模型的比例关系？这两个本质问题是基于学科核心知识——点、线、面、体的空间关系和比例来设计的，同时也指向的是学生参与本项目所需要达到的知识和能力目标。

（2）设计驱动情境。

依据大概念，确立了本质问题后，我们需要做的就是根据本质问题设计出合理的驱动情境。驱动情境是学生最先接触到的项目式学习的第一部分，驱动问题对于激发学生注意力、使学生投入到项目探索中具有关键作用。什么样的驱动情境才是合适的呢？合格的驱动问题应该具备以下特征。

①切合学生生活实际。项目的驱动问题情境应该是来源于学生的生活实际，以解决现实生活中的实际问题为目标，项目的成果能够产生真实的影响，起到现实的作用，体现的是项目的"真实性"。例如，在本项目中，六年级学生面临着毕业，为母校赠送毕业礼物是我校的传统，为学校送什么样的礼物是有意义的、有创意的，是学生需要解决的真实问题。本项目的最后成果——学校的立体模型，是能够作为礼物送给学校的，也体现了本项目的"真实性"。

②激发学生探究兴趣。项目应该为学生提供持续探究的动力，这是项目式学习的另一个黄金法则。项目的驱动问题情境，首先应该激发起学生的探究欲望，并且能够贯穿在学生实施项目的全过程，为学生持续地进行项目探究提供动力。就如数学教育学者郑毓信所言：特定情境的设置不应该仅仅起到一个敲门砖的作用，也不仅仅有益于调动学生的积极性，而应该在课堂的进一步开展中自始至终发挥一定的导向作用。

③蕴含学科核心知识。项目的驱动问题情境来源于本质问题的设计，因此驱动问题情境的设计要将高度概括性的本质问题情境化，在具体问题中蕴含学科的核心知识。在本项目中，如何处理实物和模型之间的比例关系是学生需要解决的本质问题，在驱动问题情境中，我们将其情境化：你能为学校做一个整体而真实的立体模型吗？这里的"整体而真实"指向的就是按比例缩放的核心知识。

基于这样的共识，本项目的驱动问题情境为：即将毕业的孩子们，在你学习生活了六年的母校里，处处都留下了你的足迹。当你走在绿廊、坐在教室的时候，当你穿梭在楼道、奔跑在操场的时候，你可曾想过校园整体的样子？"不识庐山真面目，只缘身在此山中"，这将是何等遗憾。为此，我们决定要为母校做一个立体模型，作为毕业礼物送给母校。你能为学校做一个整体而真实的立体模型吗？

3. 实施项目学习——项目式学习设计的落点

设计好了项目的驱动问题，就需要制订项目的实施步骤，一般包括：入项、知识能力建构、形成作品、优化修订、作品发布五个步骤。作为项目的设计者，如何才能将学生的项目学习落实呢？作为项目学习的主体，学生又该如何进行持续的探索活动，最终达成项目目标呢？

（1）学生异质分组，组建学习共同体。

在项目学习中，因为学习任务的综合性、复杂性和挑战性，确定了学生的学习方式要采用小组合作学习。在日常教学中，也有学习小组，一般为4人小组或2人小组。但是，在项目式学习中，人数太少不利于学习任务的顺利完成。因为在项目学习的过程中会涉及实地考察、数据调查、绘制图形、制作成品等问题，人数较多的小组能更好地完成繁多的任务，且有着不同特长的同学可以在小组中发挥不同的作用。因此，我们采用了6人学习小组，并采用异质分组的方式：2名学优生＋2名中等生＋2名后进生。

（2）制订教学计划，保障项目持续性。

基于项目式学习中问题的综合性，往往要完成一个项目学习都需要几个不同的学习单元组成，因此，在进行项目式学习之前，我们要根据项目中的问题进行学习任务分解，从时间上和学习内容上制订详细的学习计划，以保证项目式学习的有序推进。如在"制作学校立体模型"的项目中，要完成这个项目，我们容易想到，应该经历实地考察、绘制校园平面图、绘制建筑立面平面图、制作立体模型的过程。结合项目式学习的特点和对每个学习单元学习时间的预估，可制订如下的学习计划（如表5-2所示）。

表5-2 "制作学校立体模型"项目学习计划表

第1周	第2、3周	第4、5周	第6周	第7、8周	第9周
成立项目小组，项目学习立项讨论	实地考察校园，调查建筑物方位，收集绘制校园平面图需要的数据	根据调查的数据，绘制校园平面图和建筑立面平面图	讨论制作校园立体模型的方法，选择材料，购买材料	制作校园立体模型	成果展示

（3）设计关键课例，促进学生深度学习。

在学生进行项目式学习时，必然会遇到不同程度、形式各样的困难，这些困难恰恰是学生构建核心知识和形成核心技能的材料。面对这些典型的、集中的问题，我们通常需要设计关键课例来帮助学生找到解决问题的方法，形成知识技能，以保证项目的持续进行。学生在立项讨论、实地调查和绘制平面图的过程中，提出了如下一些问题：做学校的立体模型需要精细到什么程度？如何测量教学楼的高度？不规则的立体图形如何测量？不规则的平面图形如何绘制？……这些问题是学生在进行项目式学习过程中的真实困难，需要在学习过程中解决，解决的方法就是设计关键课例"要命的小花园"。

学校里的小花园，是一个不规则的平面形状，如何将它按比例缩小，是学生在项目中真实的、具有典型性的"劣构"问题。所谓的"劣构"问题，源于真实场景，难以确定解决问题的方法和步骤，是需要尝试不同的解决方案去寻找最佳的解决方法的问题。将其作为关键课例设计的核心问题，更能促进学生的深度思考与交流，促进学生在项目式学习中的深度学习，达成对大概念的深度理解。

①"劣构"问题对应单元核心知识。六年级下册第二单元"比例"：通过测量、绘图、估算、计算等活动，结合比例尺解决实际问题；平面图形的按比例放大与缩小：对应线段长度的比相等。六年级下册"数学好玩"单元：运用图形的位置、测量、比例、数据收集等知识，绘制校园平面图；运用数对将平面图形进行放大和缩小。

这两个单元的内容都是通过平面图形的放大和缩小让学生深入理解比例。知识技能上存在着这样的逻辑：平面图形的按比例放缩，要从组成平面图形的线段放缩去思考，线段的放缩可以直接思考，也可以借助于线段上的关键点的数对进行思考。

解决"不规则图形的按比例缩小"这一"劣构"问题，正好可以转换为规则图形中的线段按比例缩小，也可以找线段上的关键点进行线段的按比例缩小，从而加深学生对以上核心知识的理解。

②"劣构"问题应调动高阶思维的参与。设计的"劣构"问题一定具有综合性和开放性的特点，能调动学生积极思考，让学生通过设计与创造、分析与辨别等思维活动参与到学习中来。因此，设计的问题要非常规，这必然会有许多不同的解决问题的策略，在思维碰撞中，能激发学生高阶思维的参与。

综合以上思考，于是，有了下面的设计。

如果用下图表示我们学校的小花园，你能将它按 1：2 的比例缩小吗？

设计说明：由教材的规则平面图形拓展到不规则平面图形，使问题情境更具有复杂性，是一个非常规问题；没有解决问题固定的方法和步骤；需自主调动已有的知识、经验进行创造性的解决。

③"劣构"问题的解决达成深度理解。学生在课堂学习中，通过小组合作学习，形成小组成员对问题的解决方案，在分享交流这个环节，要充分利用好学生生成的教学资料，引导学生深度对话，促进思维的高阶发展。

对于"将小花园按 1∶2 的比例缩小"，学生在课堂中呈现出来的方法如图 5−2 所示。

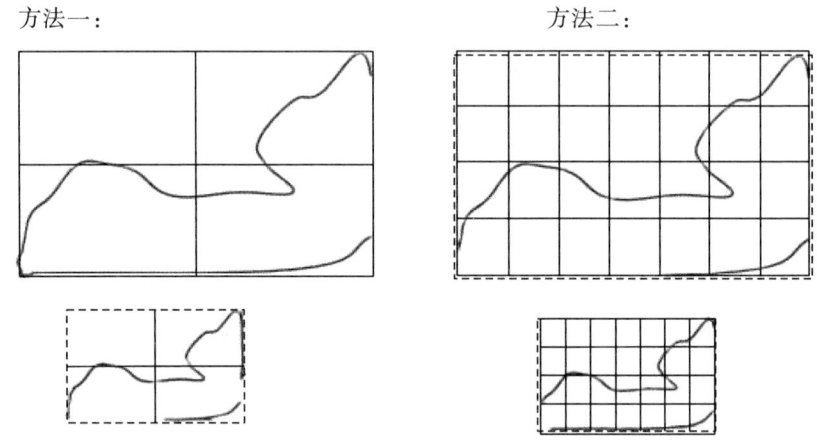

方法三：用数对缩小

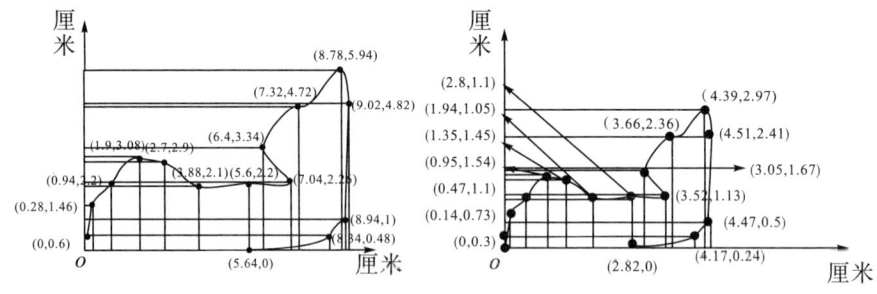

图 5−2　"将小花园按 1∶2 的比例缩小"的三种方法

那么，课堂学习中如何达成对知识的深度理解呢？

第一，暴露思维，明悟本质。

当学生分享完自己的策略后，教师需要通过追问，将学生探究解决问题策略的思维过程展现出来，使全体同学达成知识上的共识。

学生讲解完第三种方法后进行追问：

师：怎样想到用数对来对图形按比例缩小呢？

生1：因为数对可以看作组成的长方形，数对中两个数都缩小2倍，相当于图中的长方形长宽都缩小2倍。

生2：确定了一些图中的关键点，用数对进行缩小后，顺次连接这些关键点，就能得到缩小后的图形。

第二，巧用对比，优化策略。

师：对比上面的三种方法，它们有联系吗？

生1：我认为方法二比方法一更精细，方法三又比方法二精细。

生2：但方法三比方法二更麻烦，还要去测量得出每个数对，才能按比例缩小。

生3：虽然方法三更麻烦，但比方法二更精准，如果选择平面图上的点足够多，就会足够精准。

在上面的交流中，让学生体会到，当图形不规则时，可以根据图中的关键点进行思考，从而理解不规则图形按比例缩小的方法，促进学生对大概念"图形缩放"的理解。

第三，导航反思，积累经验。

在学生解决问题后，需要回顾解决问题的过程，在反思中沉淀一些重要的问题思考策略，积累解决问题的经验。同时，还要在反思中感悟数学的本质，体会数学之美。

反思导航：

不规则平面图形如何按比例缩小？——指向基本方法：转化成基本图形；指向核心知识：平面图形到线段到关键点进行思考的思维线索。

在解决数学问题中，你又积累了哪些新的经验？——指向思维的经验：如何才能做到不规则图形缩小后的精准？思维的精细化和严密性，感受数学的精准之美。

今天的学习帮我们解决了"制作校园平面图"中的什么问题？——指向应用意识培养，在调查数据时，能做到调查需要的、有用的数据，而不是没有目的性地去调查数据。

"劣构"问题的解决，更能促进学生的深度思考与交流，所产生的影响及效果是"良构"问题难以触及的。作为教师，更应从核心素养、教学内容、学生实际等多角度综合考虑，开发更多适合孩子的"劣构"问题，以促进学生在项目式学习中的深度学习，达成对大概念的深度理解。

（4）提供学习支持，维持项目学习常态。

在项目的学习过程中，每个学习小组可能都会遇到困难，并且每个小组遇到的困难可能还不相同。因此，教师需要给学生提供学习支持，促进每个项目小组都能顺利完成学习。我们将项目组教师进行分配，每位教师带 2 个项目学习小组，主要任务是督促每个小组按照项目的时间轴按时提交作业，并在项目小组学习过程中提供必要的帮助和指导。

4. 呈现项目成果——项目式学习设计的结点

在对"制作学校立体模型"的项目式学习中，学生会实地调查主要建筑的图形是什么，会实际测量主要建筑的数据，会调查建筑物的方位以及位置关系，会按照比例的相关知识绘制校园平面图和建筑物立面图，会按照比例进行模型的制作。在这一系列的学习活动中，学生会对平面图形、数据调查、方向与位置、比例等相关概念进行深入理解和应用，比如，操场是怎样的平面图形？需要测量操场的哪些数据？操场在学校正门的什么方位？学校正门在哪个方向上？根据测量的数据，怎样确定校园平面图的比例尺进行绘图？制作模型时，怎样根据平面图进行制作？……学生在这个解决真实而富有挑战性的问题的过程中，会自主应用到这些概念，自然加深对这些概念的理解。而对这些概念的理解，恰好是深入理解大概念"图形缩放"的基础。通过对课例"要命的小花园"的学习，学生能够深度理解平面图形缩放的方法，体会"形状不变，大小在变"的道理。

（二）【案例 2】一周午餐菜谱设计

大概念统整下的学科内服务学习项目实践
——以"一周午餐菜谱设计"为例

数学组：谭坤银、易娜、左楷、黄丽、石倩

实践中发现，学科大概念显著的学科性、解释力、整合性特点，使其能对学科知识、学习过程、学习目标有效整合，为学习者提供有序、合理的认知结构和学习路径。项目化学习是实施大概念教学的重要形式，服务学习理念为项目化学习研究提供指导依据和理论支撑。基于服务理念的解读，我校梳理了大概念统整下的学科内项目化学习的学习目标，整理了服务项目的选择思路，并结合"一周午餐菜谱设计"探究了学科内服务项目实践的操作策略。

1. 研究缘起

基于大概念统整的学科内项目化学习，是培养学生核心素养的重要途径，能够很好地促进学生对学科核心知识的理解和掌握。为此，我们设计实施了诸如"要命的小花园""为小区超市设计抽奖箱"等学科内项目化学习。反思过往研究历程，虽有学科大概念作为项目设计的知识支撑，但这些项目就像是一颗一颗的珍珠，因为缺少一条线而无法组成一条完美的项链，即项目之间的共性为何？有何关联？其内在机制是什么？直至我们遇到了服务学习理念，发现它是项目化学习的有效组织方式和理论支撑，与项目化学习高度相融，具体表现在：

（1）目标高度契合。

大概念统整下的项目化学习的目标指向和成果体现是学生对核心知识、能力素养、核心问题的深度理解，并能进行实践创新。服务学习理念强调在服务中学习，实现知行合一、创新实践。其终极目标是为学生的终身发展奠基，服务自己的生活同时服务他人，即全方位的服务，面向全社会的服务。不难发现，不论是深度学习，还是项目化学习，抑或是服务学习，其目标都指向的是学生将所学知识融入现实问题的解决过程中，在实践中学习，在学习中实践，最终实现"五育"融通的育人目标。

（2）学习内容统一。

服务不是一句口号，需要以实际的服务行动为载体，即项目，在前期的项目化学习探索中，我校所有项目都体现了真实性和情境性的特点。这里的"真"体现在学生要研究的内容与自己的真实生活有联系，因为只有越真实越贴近学生生活的学习内容才更能提高学生学习的主动积极性和学习的效果。这种真实性恰恰也是服务学习对学生的要求，例如，为解决停车难的实际问题，设计共享车位；为美化校园而进行的校园改造项目等都是服务学习的学习内容。服务学习和项目学习都解决的是现实生活的问题，都能在项目、服务实施过程中，经历反思和评价，实现对课程知识和技能的理解和掌握。

（3）学习过程一致。

在服务学习和大多数项目化学习中，学生面对一个真实的问题，都需要经历调查研究—准备和计划—行动—反思—展示的学习过程。因为问题是真实的，所以做出的决定也会有真实而非虚拟的结果；团队合作中，每个个体得到成长并受到同伴的尊重，不论其能力水平如何，都能够在项目开展中体验成功；培养领导力，发挥主动性，解决问题，团队协作，并且能够在帮助他人的过程中展示自己的能力。这些通过项目化学习实现的学习效果，同样符合服务学习的理念。

（4）资源匹配重合。

我校所在的万科社区是一个精品社区，作为一所精品社区学校，本身就具有服务社区的功能，这既是学校发展的责任，同时也是教育教学的重要资源，能够为学生的服务学习提供良好的空间和社会资源。事实上，我校开展的各项项目化学习都是基于学校改造、社区环境改善而展开的，每个项目获得的支持大都来源于社区的空间和人际资源，在帮助学生学习知识技能的同时，也服务了社区。

2. 核心概念

结合服务学习的广泛意义和校本研究实际，本研究中的服务学习是指基于"五育并举"，着眼于学生的全面发展，将学校教育与生产劳动、学校生活与社会生活、学校学习与生活实际有机联系起来，且让他人受益的学习活动，其实质是在服务中学习和为服务而学习。核心是课程、服务与反思的结合，服务活动是精心组织的、满足社区实际需要的活动，但同时也有明确的学习目标，必须为学生提供经验性的学习体验。也就是说将服务整合到学术性课程之中，使学生在为社区服务的过程中应用新学到的知识，对所做所见进行反思，提升学生在课堂中所学到的知识技能，并增强社会责任感和公民意识，其最终目的指向学生的全面发展（如图5-3所示）。

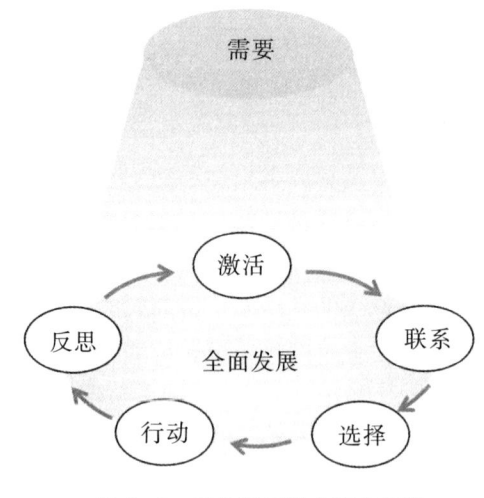

图5-3 服务学习核心概念解读

3. 大概念统整的学科服务项目化学习策略

（1）解析服务学习的目标。

在课程目标设置上，我们认为指向全面育人的服务学习课程就是为了促进学生整体可持续的发展，其核心目标在于实现融合创生。具体来说，服务学习的目标又可以以融合创生为核心，分解为认知性目标、社会性目标以及实践性目标三个维度（如图 5-4 所示）。

认知性目标	社会性目标	实践性目标
1.　知识的理解	1.　自我认知与人际交往	1.　发现与解决问题
2.　知识的运用	2.　社会归属感	2.　创造与表达
	3.　社会责任感	3.　评价与反思

图 5-4　服务学习的目标分解

（2）服务项目的选择思路。

服务学习不同于社区服务或志愿工作等其他形式的显著特征在于与课程的关联性，即服务项目不仅要满足社区的需要，更重要的是满足学生学习与发展的需要，所选择的服务项目不仅要与学科知识相连接，也要具有一定的教育性，能够培养学生必要的社会技能和良好的个性品质。具体来说，选择有意义的服务项目有以下两个思路：

①课程内容的应用延伸。首先，教师需要对课程内容和教学目标进行分析，确定学生需要掌握的具体内容和知识技能，根据这个教学重点，将课堂学习延伸到实践体验之中。例如，在学习数学的概率时，为了让学生对概率的应用有更加深入的理解而设计的"为小区超市设计抽奖箱"项目，将抽象的数学知识转化为直观的生活问题，加深了学生对知识的理解。

②需求活动的课程关联。所谓需求活动，是指学生学习生活中的自身需要，是由他们自发提出的主意或关注的问题；学生日常生活的社区中往往存在

的问题解决的需求；课程内容中的很多主题活动。这些活动都具有服务的内涵，由此教师可以引导学生对社区中存在的问题进行"研究"，结合实际需要，关联到课程内容和技能领域，由学生来选择适合所有参与者发展的服务项目。如"要命的小花园"项目和"解决小区停车难问题"项目的产生等，包括本次"一周午餐菜谱设计"的项目设计来源也是基于这一思路。

（3）梳理服务项目的概念体系。

在确立了服务项目主题之后，就需要根据项目主题所涉及的学科知识内容，确立项目对应的大概念。在"一周午餐菜谱设计"项目设计之初，我们发现这一项目涉及了"数据分析观念""应用意识""符号意识"等学科核心能力，涵盖了数据收集整理、数据分析应用、优化思想、计算应用等知识内容和思想方法。结合服务项目的核心能力目标和知识方法目标，我们将本项目的大概念确立为"统筹与优化"。本质问题为：如何设计营养、美味的合理午餐菜谱。

基于"统筹与优化"的大概念，我们进一步梳理并构建本项目的概念体系，如图5-5所示。

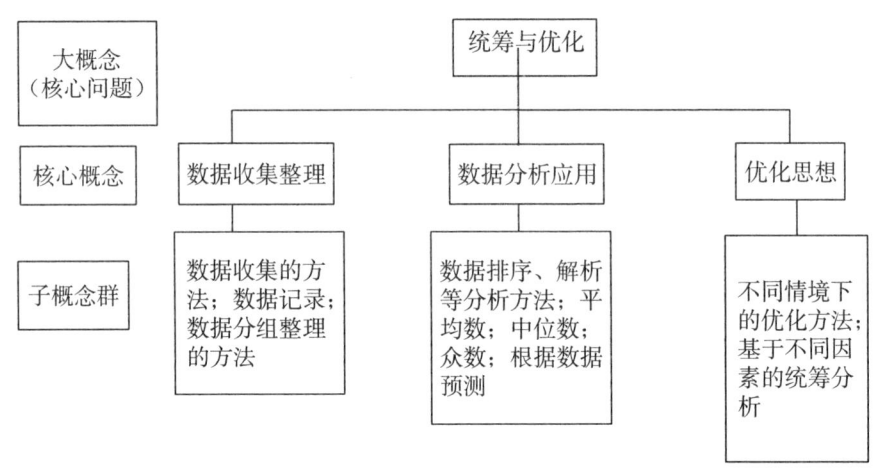

图5-5　"统筹与优化"概念体系

（4）服务项目"三阶段"实施策略。

不同于传统的讲授式教学，服务学习是一种基于真实问题的问题解决学习，通常以项目的形式开展。学生在服务学习中以"发现问题—研究问题—解决问题"为基本逻辑，经历问题导入、深度建构、评价反思三个学习阶段和"激活—联系—选择—行动—反思"五个学习环节（如图5-6所示）。接下来，我们将结合"一周午餐菜谱设计"服务项目的实施，探究"三段式"的实施策略。

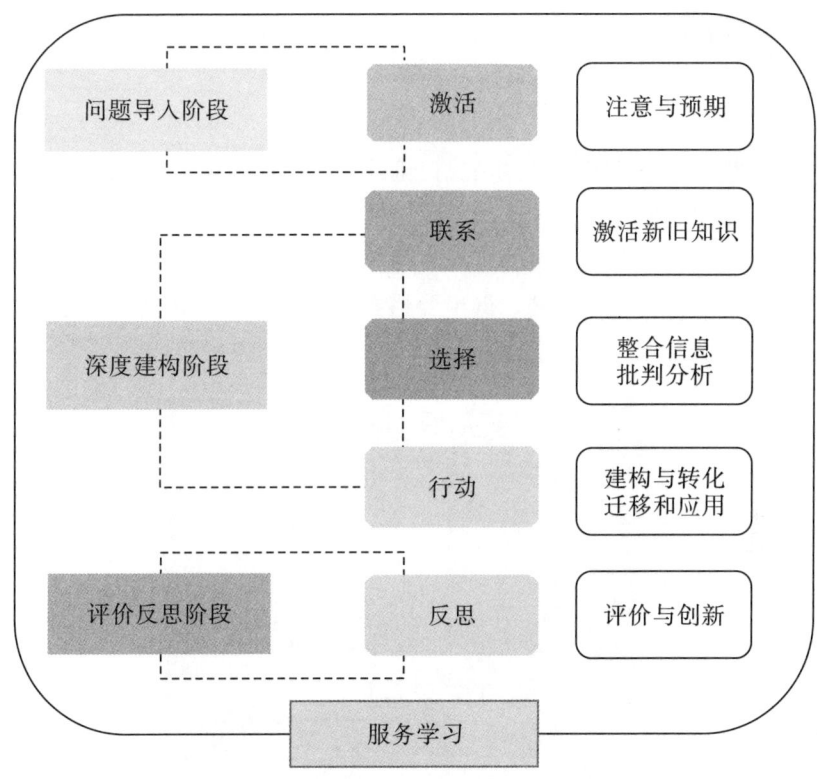

图 5-6　服务项目"三阶段"实施策略

①问题导入阶段。

激活环节——引起注意，激发学习动机。

播放"光盘行动"号召视频及学校午餐潲水数据的微视频，以分析学校午餐现状，进而提出问题：怎样改善学校的午餐，实现光盘行动，减少学校潲水？

②深度建构阶段。

A. 联系环节——激活新旧知识。

a. 解读任务，制订计划。

讨论：结合学校午餐的具体情况讨论"有哪些问题需要事先调查和了解？"

论证：如果想要得出大家都满意的一周午餐菜谱，你会怎样向学校后勤提建议呢？将学生置于解决问题的思考者的角色，学生在激烈探讨和观点碰撞之后，发现设计菜谱的实际问题，得出要搭配出合理套餐应该考虑以下两方面：喜好和营养。

b. 调查统计，数据分析。

学生通过问卷调查，向全校 25 个班级了解学生对学校现有菜品的喜好情况，并利用 Excel 表格进行数据统计并使用插入功能形成条形统计图（如图 5-7 所示），进而分析数据背后的信息。

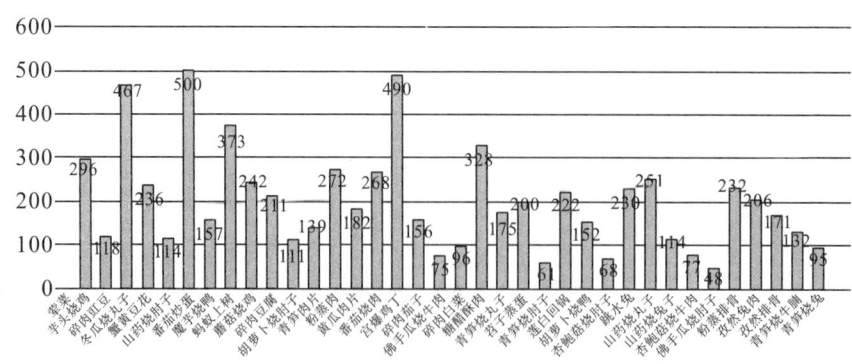

图 5-7　学生最喜爱的荤菜统计图

c. 走近科学，了解膳食平衡的知识。

B.　选择环节——整合信息，分析决策。

利用数学统计知识分析数据、寻找原因，如学生喜好、营养搭配、食堂操作、现实资源的矛盾等，结合操作实际，进行头脑风暴，选择搭配的指导依据和实施策略。

C.　行动环节——建构转化，迁移应用。

a.　小组合作，尝试搭配。

小组内论证分析菜谱的合理性与可行性并及时调整，反思设计方法。

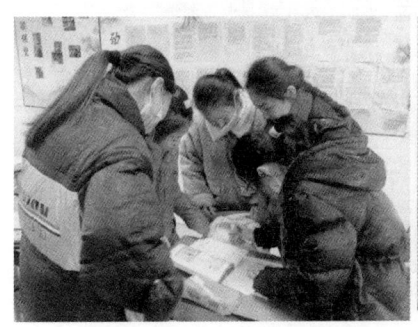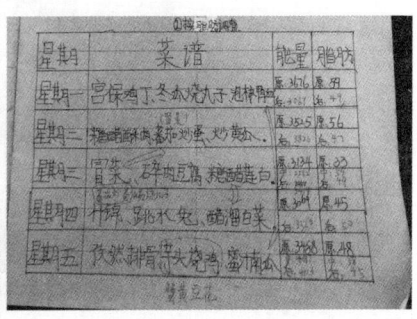

b.　作品发布，互动评价。

分小组展示设计的午餐菜谱，各小组展示时说明自己的设计思路、遇到的困难及解决的方法。

思路一：先考虑喜好，再通过营养需求进行调整，这样调整的地方比较多。

思路二：从营养搭配入手，再考虑喜好，这样比较容易得到既营养又令人喜欢的菜谱。

思路三：将所有菜品按照能量的高低进行分类，通过估算搭配出一周营养合理的菜谱，用数据说话，更易搭配。

思路四：综合考虑营养和喜好，后期微调，利用统计图解决问题，把复杂问题简单化。

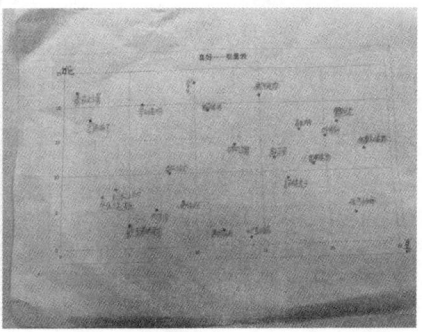

c. 反思完善，推广设计。

合作小组基于作品发布环节的交流评价，吸收他人的意见和建议，结合自我反思，对"一周午餐菜谱设计"进行修改，并对接食堂后勤，进行发布使用。

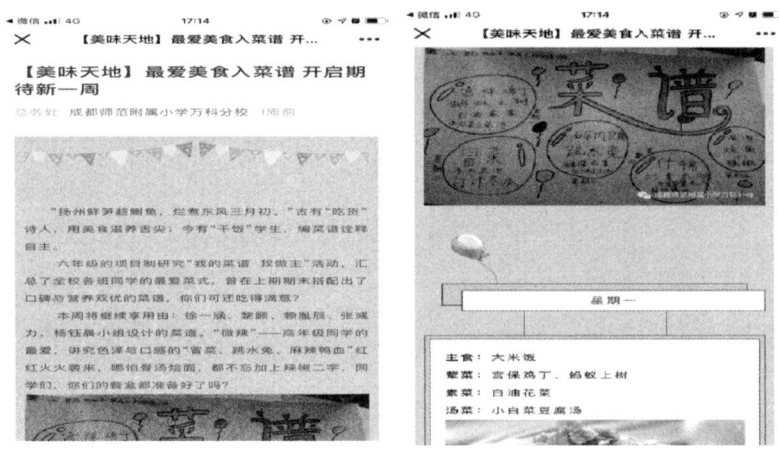

③评价反思阶段。

反思环节——巩固新知，赋能创新。

在这次以服务为目标的学习中，学生动手实践、动脑合作，既有独立展现的时机，也有小组的合作与讨论。在讨论整体设计方案的时候，借助小组合作学习，经历"选定方案—尝试搭配—检验结果—汇报结果"的基本过程，每个学生都有机会倾听他人，每组都可以进行不同策略的表达。教师指导并鼓励学生表达，且有意识地关注逻辑性，学生既能够主动参与合作，又能和谐地与他人相处。另外，学生深刻体会到运用数学知识可以把生活问题简单化，更能体会到用所学知识服务于人的自豪感，将服务学习的理念根植于师生的观念中，为后续更多服务学习的开展积累了经验。

（三）【案例 3】创编连环画

大概念统整下的项目设计
——项目式的深度学习设计

基本信息	学校名称	成都师范附属小学万科分校
	授课对象	五年级学生
	课程名称	语文
	授课题目	统编版小学语文教材五年级上册第三单元《牛郎织女（二）》
	授课教师	范李倩
教材理解	知识的产生与来源	连环画是一种古老的中国传统艺术，起源于古代的壁画和石刻，环环相扣、引人入胜的画面和浅显易懂的文字使其成为老少皆宜的通俗读物
	事物的本质与规律	连环画是用多幅画面连续叙述一个故事或事件发展过程的绘画形式，具有简洁性、直观性和想象性等基本特性
	学科的方法与思想	（1）提取关键信息； （2）连环画的创作方法
	知识的关系与结构	关键事件和关键词句是创编连环画的重要因素
	知识的作用与价值	（1）连环画能够通过简洁的图画和文字叙述故事、刻画人物； （2）连环画是我国传统艺术形式，蕴含着丰富的传统文化
学情分析	前理解 （先见、先知和先验）	（1）对《牛郎织女》的故事有初步了解； （2）初步具备提取关键信息的能力； （3）对连环画有初步了解
	触发点 （新奇处、困惑处、共鸣处或挑战处）	困惑处：创作者是怎样把厚厚的一本小说改编成如此简短但是又很完整的连环画的？

续表

学情分析	（重点点拨的地方）	画面精简：抓住主要事件 文字精简：抓住关键词句
	发展区 （现实水平—潜在水平）	现实水平：能抓住主要事件和关键词句创作连环画 潜在水平：能运用创作连环画的方法，为其他文学作品创编连环画
项目名称	《牛郎织女（二）》连环画创作	
项目描述	Thing（事情）	为《牛郎织女（二）》创作连环画
	Problem（问题）	如何合理地精选画面和文字？
	Works（作品）	《牛郎织女（二）》连环画
核心目标	核心素养	理解与创作
	具体表现	Know （知道什么）	(1)《牛郎织女》的基本故事情节； (2) 连环画的特点
		Understand （理解什么）	(1)《牛郎织女》背后的主题思想； (2) 连环画创作的基本方法
		Do （能够做出什么）	(1) 能够抓住关键信息，理解故事； (2) 能够运用"连点成线，言简意丰"的方法创作连环画
		Be （希望成为什么）	追求幸福和美好
核心知识	大概念	连点成线，言简意丰
	核心概念	(1) 抓住关键事件； (2) 抓住关键词句
	具体概念	(1) 围绕主要事件和人物筛选； (2) 删减、摘录、概括、改写
活动过程	明确事项—界定问题	(1) 明确交代"为《牛郎织女》创作连环画"这个事项； (2) 引导学生将连环画创作的探究聚焦于"如何合理地精选画面和文字"这个有待深度探究的问题
	探究问题—提出创意	(1) 借助《西游记》连环画的范本，引导学生总结出连环画简洁性、直观性、想象性的特点； (2) 通过《西游记》连环画的故事情节，引导学生分析出连环画"连点成线，言简意丰"的创作方法

活动过程	论证创意—形成框架	（1）指导学生尝试运用连环画的创作方法，为《牛郎织女（二）》的第一个片段创作画面和文字； （2）通过不同的配图和文字对比，引导学生总结出创作连环画要抓住主要事件筛选画面，通过删减、摘录、概括、改写等方法创作文字	
	产生作品—展现互动	（1）组织学生小组合作，自主选择片段，粘贴画面、记录文字，完成连环画的创作； （2）引导学生基于自己的创作过程，着重从画面筛选和文字选择上展开深度的分享、交流与反思	
辅助工具	工具1	动力导航	
	工具2	《牛郎织女（二）》基本人物和场景配图	

	维度	标准	结果
学习评价	作品质量	（1）内容维度：准确抓住关键画面和关键词句创作连环画； （2）形式维度：画面工整美观，有创意	
	作品展示	表达力	
		表现力	
	学习过程	问题意识	
		自主学习	
		合作交流	
	学习结果	Know： (1)《牛郎织女》的基本故事情节； (2) 连环画的特点	
		Understand： (1)《牛郎织女》背后的主题思想； (2) 连环画创作的基本方法	
		Do： (1) 能够抓住关键信息，理解故事； (2) 能够运用"连点成线，言简意丰"的方法创作连环画	
		Be：追求幸福和美好	

（四）【案例 4】回家最后"一百米"

成都师范附属小学万科分校服务项目学习设计
——回家最后"一百米"

基本信息	学校名称	成都师范附属小学万科分校	
	授课对象	五年级学生	
	课程名称	社区服务学习项目	
	授课题目	回家最后"一百米"	
	授课教师	李青	
服务项目		回家最后"一百米"	
项目描述	Thing（事情）	回家最后一百米的有序通行	
	Problem（问题）	究竟是哪些因素导致了回家最后一百米的拥堵？	
	Works（作品）	一个有序通行的交通方案	
核心目标	核心素养		科学精神、实践创新、责任担当
	具体表现	Know（知道什么）	（1）基本的交通法规与标识； （2）数据统计与分析的工具、方法及应用； （3）方案设计的流程与方法
		Understand（理解什么）	（1）因素分析是寻找相关变量、设计方案的重要方法； （2）统筹是设计有序通行交通方案的重要思想
		Do（能够做出什么）	（1）分析导致拥堵的相关因素，找到拥堵背后的原因； （2）统筹规划，设计有序通行的交通方案； （3）优化方案，在现实中尝试解决问题
		Be（希望成为什么）	（1）成为具有同理心的方案设计师； （2）成为有责任担当的社会参与者
核心知识	大概念		有序
	核心概念		统筹思想　因素分析

课程关联：

道德与法治

(1) 认识常见交通标识，遵守交通规则；
(2) 体验提出、探究、解决生活中的问题的过程；
(3) 尝试解决真实情境中的挑战性问题

语文

(1) 观察社区交通现象，描述现象，调查采访，获取信息；
(2) 发现"现象"背后的本质，描述自己的推理；
(3) 根据"现象"和问题"本质"，预设方案，描述方案；
(4) 即兴发言，交流方案

数学

(1) 对社区交通现状进行分类；
(2) 数据统计、表示及分析；
(3) 方案设计中的数据运用；
(4) "统筹"概念及方法在实践中的运用

艺术

(1) 用图形和画面表达想法；
(2) 鉴赏生活中的有序美；
(3) 创造生活中的有序美

回家最后"一百米"

体育

(1) 社会生活中安全应急避险方式；
(2) 方案中对安全应急避险措施的预设

信息技术

运用线上线下调查工具收集、统计相关信息

科学

(1) 了解科学探究的过程和方法；
(2) 运用初步的比较、判断、归纳、分类、想象、概括等科学思维解决问题

外语

方案预设中关于多种语言交通提示的设计

活动过程（本课时）	板块一：吐槽大会	课前调查、实地考察的总结回顾，梳理现象
	板块二：追根溯源	从"表象"推导"根本原因"，在推理、发散、聚合中，通过"现象"看"本质"
	板块三：头脑风暴	开阔思路，通过"本质"寻求解决方案
	板块四：系统统筹	在"头脑风暴"的基础上，运用统筹方法，设计系统解决方案

续表

学习评价	维度	项目进程维度：过程性评价　表现性评价 项目参与维度：合作力　执行力　协调力
	作品质量	方案内容的合理性、操作性；方案形式的直观性
	作品展示	项目作品表达力
		项目作品表现力

下篇　师生风采

教育必须培养人的自我决定能力，而不是去培养人们适应传统的世界。

——费希特

大综合实践学习是以儿童的创新思维发展为核心目标，以国家课程为基础，与社会实践课程有机整合、一体发展的课程结构。在研究中，我们欣喜地看到了学生创新思维发展、教师研究能力和学校办学品质三方面的持续提升。历时 15 年，学生在大综合的实践学习中阅读、设计、实践、迭代、思辨、顿悟，项目在促进学生创新思维发展的基础上，进一步有力地支持了教师对课程的创新开发与实施和学校办学品质的提升。

一、教师发展

大综合实践学习推动了教师对课程的创新开发与实施。教师们利用定期开展的项目制教学研究、区级品质课堂、学期家长开放日，以及市区级示范课、接待课、教研组和备课组的研究课，积极开展大综合实践学习研究，将课程落实到日常教学；采用话题驱动式、主题探究式以及问题解决式教学发展学生的创新思维，在实践中反复锤炼打磨；通过撰写研究论文、专题报告、讲座交流等方式梳理研究成果，在市区级的各类竞赛中取得了累累硕果。

（一）教学展示

1. 2018 年 11 月 22 日品质课堂

2018 年 11 月 22 日，成师附小万科分校在一楼阶梯教室举行了锦江区品质课堂系列活动，迎来了各位专家领导及兄弟学校的教师。本次品质课堂活动的主题为——基于设计思维的项目式学习中认知工具的应用。我校杜伯霜老师以及五（1）班的孩子们共同为大家带来了一节 STEAM 研究课"设计我们的海绵社区——水域篇"。整个课堂活泼有趣，孩子们联系生活实际，开动自己的脑筋设计出一个属于自己的生态瓶。

2. 2018 年 12 月 5 日锦江教育改革论坛

2018 年 12 月 5 日，由成都市锦江区教育局主办，锦江区进修学校协办，成师附小万科分校承办的"锦江教育改革论坛——走进万科分校"活动在成师附小万科分校隆重举行。李青老师以"Demo meeting 样片发布会"的形式呈现了一堂项目式学习课例"解决上学路口拥堵问题"。

3. 2019 年 4 月 12 日品质课堂

2019 年 4 月 12 日，成都市锦江区品质课堂系列活动"核心素养导向的小学深度对话教学实践探索"在我校举行。本次活动的主题是学科内项目式和跨学科项目式学习设计。在活动中，由"特殊的礼物"项目的导师左楷执教"图形缩小"一课。在课堂上，孩子们思维激烈碰撞、相互质疑，解决从组合图形缩小到非常规图形缩小的问题。孩子们静心思考，深度讨论高效呈现。

4. 2019 年 5 月 28 日锦江小专题过程管理与指导推广活动

2019 年 5 月 28 日，锦江区小专题过程管理与指导推广活动在成师附小万科分校开展，重点展示该校的重点小专题"小学中段数学图形与几何板块创意思维课程的开发与实施研究"的过程性研究及阶段成果，以此为例汇报学校小专题管理经验。借此平台共同探讨小专题过程管理与指导之道，进一步加强小专题过程性管理与指导的研究。

5．2019 年 11 月 14 日深度教学成果推广会

2019 年 11 月 14 日上午，由成都市教育科学研究院、成都市教育科学规划办公室主办的"回归课堂原点的深度教学协同探索与实践"成果推广会在锦江区七个分会场同时进行，成师附小万科分校则是分会场之一。本次活动聚焦核心素养的落地培育，聚焦深度学习的实施路径，聚焦深度对话的成果分享。

6．2020 年 10 月 14 日品质课堂

2020 年 10 月 14 日，我校品质课堂展示活动如期举行。项目化研究在我校文校长、语文备课组组长和科研组长的带领下，研究工作已经进入第三个年头。2020 年，我们以"挑战性问题在语文学科项目化学习中的设计"为内容，着力开展了各项研究。

7. 2020 年 11 月 16 日眉山修文小学联盟研讨

为开拓教育科研工作视野，提升学校教育科研的水平与实效，加强校级交流合作，实现教育资源共享，2020 年 11 月 16 日下午，成师附小万科分校教科研团队在校长刘莉的带领下，来到眉山市东坡区修文镇中心小学开展了两校联盟合作的首次研讨活动，并有幸邀请到四川省学术和技术带头人、四川师范大学教育科学学院教授吴定初，以及眉山市东坡区教研员到校指导。

8. 2021 年 4 月 30 日锦江区"服务学习"区域实践成果推广会

2021 年 4 月 30 日，四川省教育学会联合重庆市教育学会在成都七中育才学校举办"整体推进育人方式转变，促进区域教育高质量发展——成都市锦江区'服务学习'区域实践成果推广"活动。为展示区域探索服务学习的成果与经验，我校"回家最后'一百米'"从放学道路拥堵的现实问题出发，统筹规划为社区设计有序通行的交通方案。刘莉校长结合学校三个发展阶段，分享了学校以"服务"为载体实现学习方式变革、撬动五育融合落地的实践探索。

9. 基于服务学习理念的项目化学习研究——一周午餐菜谱设计

自 2017 年以来，我校一直致力于"核心素养导向的深度对话教学"的实践研究，实践中发现，深度对话学习是培养学生核心素养的有效路径，项目化学习是实现深度对话学习的重要学习形式。反思过往研究历程，我们思考这些项目之间的共性为何，有何关联，内在机制是什么。直至我们遇到了服务学习理念，发现它是项目化学习的有效组织方式和理论支撑，与项目化学习高度相融，具体体现在目标高度契合、学习内容统一、学习过程一致、资源匹配重合。基于这样的思考，我们设计了本次项目化学习，置学生于复杂而有意义的问题情境中——剩饭严重，用数学的眼光发现问题，解决生活中的实际问题，提升学生的综合应用能力。学生经历数据的产生、整理、分析、展示过程，能基于数据做出决策，最终改善学校的菜谱搭配，感受数学与生活的密切联系，感受学习可以改善我们的生活，践行"服务中学习，为服务而学习"的理念。

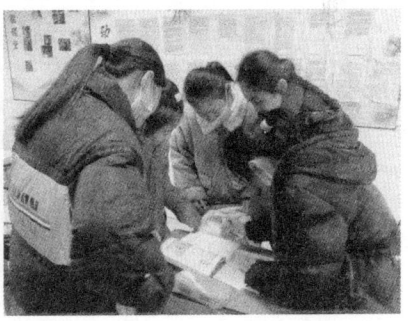

（二）教师成果

1. 成果获奖

大综合实践学习成果获奖情况（部分）

序号	成果获奖项目	等级	颁奖单位及时间
1	"核心素养导向的小学深度对话教学实践——项目化学习的校本实践"获2020年度成都市教育科研课题阶段成果	一等奖	成都市教科院 成都市教科规划办 2020.12
2	"核心素养导向的小学深度对话教学实践——设计思维下的项目化学习校本实施"获2019年度成都市教育科研课题阶段成果	一等奖	成都市教科院 成都市教科规划办 2019.12
3	"特殊的礼物——我为学弟学妹设计玩具"获2020年度项目学习年度最佳项目	一等奖	基础教育参考/中国教育信息化研究中心 2020.12
4	"特殊的礼物——'丝绸之路'桌游设计与创作"获2019年度项目学习年度最佳项目	一等奖	基础教育参考/中国教育信息化研究中心 2019.12
5	"话题驱动的小学深度对话教学实践探索"获成都市教改成果	一等奖	成都市教育学会 2017.12
6	"小学'深度对话'课堂教学实践研究"获成都市优秀教学成果	二等奖	成都市教育局 2016.12
7	"小学'深度对话'课堂教学实践研究"获2015年度成都市优秀教学成果	二等奖	成都市教育局 2016.12
子课题成果获奖情况			
1	"小学数学创意思维课程的开发研究——以'图形与几何'版块为例"获成都市教师小专题优秀成果	一等奖	市教科院/市教育科学规划办 2021.3
2	"小学高段数学深度对话课堂之自我反思能力的研究"获成都市教师小专题优秀成果	一等奖	市教科院/市教育科学规划办 2020.3
3	"疫情背景下小学班本微课程开发与实施研究"获成都市教师小专题优秀成果	二等奖	市教科院/市教育科学规划办 2021.3

序号	成果获奖项目	等级	颁奖单位及时间
4	"基于故事类文本提升小学低段学生表达能力的研究"获成都市教师小专题成果	二等奖	市教科院/市教育科学规划办 2020.3
5	"聚焦语文核心素养的小学中高段项目式学习研究"获成都市教师优秀小专题成果	三等奖	市教科院/市教育科学规划办 2020.3
6	"疫情背景下小学班本微课程开发与实施研究"获锦江区教师优秀教学成果	一等奖	锦江区教育局 2020.12
7	"聚焦学生核心素养的小学中高段语文项目制学习的研究"获锦江区优秀教育成果	一等奖	锦江区教育局 2018.12
8	"基于故事类文本提升小学低段学生语言表达能力的研究"获锦江区优秀教育成果	一等奖	锦江区教育局 2018.12
9	"小学高段数学'深度对话'课堂之自我反思能力的培养研究"获锦江区优秀教育成果	一等奖	锦江区教育局 2017.3
10	"利用 iPad 促进小学高段个性化教学的课堂模式研究"获锦江区优秀教育成果	一等奖	锦江区教育局 2017.3
11	"小学高段美术'传统文化'教学的文创化实践研究"获锦江区教师优秀教学成果	二等奖	锦江区教育局 2020.12
12	"疫情背景下小学高段数学混合式教学实践研究"获锦江区教师优秀教学成果	二等奖	锦江区教育局 2020.12
13	"小学数学创意思维课程的开发与研究"获锦江区优秀教学成果	二等奖	锦江区教育局 2020.12
14	"设计思维在小学 STEAM 教育中的应用"获锦江区优秀教学成果	二等奖	锦江区教育局 2020.1
15	"提升小学生运用表达能力的'述—表—宣'教学模式研究"获锦江区优秀教学成果	二等奖	锦江区教育局 2020.1
16	"'晓黑板'支持下小学与英语开放式口语学习研究"获锦江区优秀教育成果	二等奖	锦江区教育局 2018.12
十年来，教师子课题获区级一、二、三等奖共计 60 余项			

获奖证书（部分）

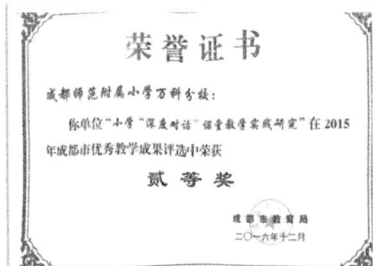
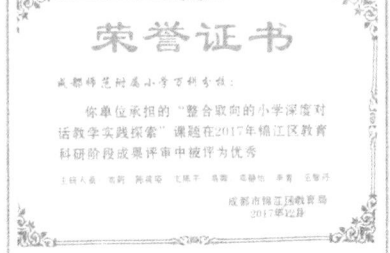

子课题成果（部分）

2. 教师论文

论文发表情况

（教师论文发表共 40 余篇，以下为主要期刊杂志上的论文发表）

序号	作者	题目	报纸杂志
1	成师附小万科分校	挤掉课堂对话中的"水分"	《中国教育报》
2	刘莉、文陈平、易娜等	聚焦课堂深度对话，实现学生深度理解	《基础教育课程》
3	文陈平、邓静怡、易娜等	课堂风景的转型——深度对话	《基础教育课程》
4	成师附小万科分校	为了学生真正的理解	《基础教育课程》
5	刘莉、文陈平、易娜、高鑫悦	"三环三维"深度对话教学的价值指向和模式建构	《教育科学论坛》
6	刘莉、文陈平、易娜、高鑫悦	项目化学习课程的研究与实践——成师附小万科分校"综合化"课程探索	《教育科学论坛》
7	刘莉、文陈平等	"支持—支撑—支援"校际帮扶联动实践	《教育科学论坛》
8	刘莉、谭坤银、左楷	大概念统整的数学学科项目化学习	《教育与教学研究》
9	刘莉、文陈平、易娜、李青、左楷、黄丽、石倩、邓静怡、杜伯霜、刘智勇	项目化学习的设计模板与示例 "要命的小花园"项目示例 "解决小区停车难问题"项目示例 "丝绸之路桌游设计"项目示例 "摸球游戏"项目示例 "校园声音的追寻与美化"项目示例 "海绵社区的创建"项目示例	李松林专著《深度学习设计模板与示例》
10	成师附小万科分校	深度对话，师生共享幸福课堂	《时代教育》
11	秦梅	课程，请凝听儿童的声音	《时代教育》
12	文陈平	深度的力量，研究的文化	《时代教育》
13	易娜	我想要的数学课	《时代教育》
14	廖志兰	春天的雨点	《时代教育》
15	邓静怡	行走	《时代教育》
16	易娜、刘智勇、李青	基于项目化学习的小学 STEAM 教育课程探索实践	《成都教育》

序号	作者	题目	报纸杂志
17	邓静怡	"丝绸之路"桌面游戏的设计与制作	《成都教育》

论文获奖情况

（教师论文获奖共计 100 余篇，以下为近两年部分目录）

序号	作者	题目	奖项	等级	时间
1	刘莉、谭坤银	大概念统整下的学科内项目式学习探索	成都市第十七届教改论文	一等奖	2021.4
2	王玉莹、邓晓璐等	促进小学英语教师教学适应的对策研究	成都市第十七届教改论文	一等奖	2021.4
3	易娜、谭坤银、黄丽	基于整体建构和类比迁移思想方法的结构化教学研究	成都市第十七届青年教师数学赛课活动	一等奖	2020.11
4	谭坤银、易娜	小学数学创意思维课程的开发和实施	成都市 2019—2020 年度教改论文	一等奖	2020.9
5	刘智勇、易娜、李青	基于项目式学习的小学 STEAM 教育课程实践研究	成都市课程创生专题征文	一等奖	2018.12
6	易娜	聚焦项目制学习，发展学生核心素养	四川省论文	一等奖	2018.8
7	易娜、文陈平	聚焦项目制学习，发展学生核心素养	成都市第十四届教改论文	一等奖	2018.3
8	龚音姣	小学英语中高段口语测评研究	成都市 2019—2020 年度教改论文	二等奖	2020.9
9	贺绍莉	疫情背景下班本德育微课程的建设与实施	成都市 2019—2020 年度教改论文	二等奖	2020.9
10	李凝双	核心素养下小学语文高段高阶思维能力培养分析	成都市第十六届教改论文	二等奖	2020.4
11	陈英姿、辛婕	融合传统文化的小学美育实施策略	成都市第十六届教改论文	二等奖	2020.4
12	谭坤银	空间创意思维课程的开发初探	成都市第十六届教改论文	二等奖	2020.4
13	左楷	设计"劣构"问题，促进在项目中的深度学习	成都市 2019 基础教改论文	二等奖	2019.9

续表

序号	作者	题目	奖项	等级	时间
14	易娜、李青	设计思维下的项目式学习实践探索	成都市第十五届教育改革与研究论文	二等奖	2019.3
15	刘智勇	小学 STEAM 学习促进学生深度学习的研究	成都市 2019 基础教育课程教改论文	二等奖	2019.9

二、学生发展

学校开展大综合实践学习研究以来，学生的整体思维方式、思维能力、思维品质在一系列主题性的大综合活动中发生了转变。

（一）学生活动

1. 传统文化

我们着眼天府文化和传统文化，组织学生进行多角度的参观、体验和感悟，在大综合中了解文化内涵，寻找文化的脉搏。

2. 红色活动

立足关键课程，用好红色资源，挖掘红色育人元素，加强活动实践，传承红色基因，凝聚复兴伟力。

3. 科创活动

我们秉承"爱满天下 知识为公"的办学理念，为探索能更好促进学生发展和满足学生发展需要的教学模式，我们以创客教育鼓励教师创新、学生创造，使其直指每个孩子的未来发展。

4. 社区活动

学校以学生生活的世界为中心，建构了"博爱社区课程"，以社区课程为依托、学校教育为轴心的辐射教育网络，让学生在生活中感受、体验、领悟道德品质；在参与社区活动中引导培养学生成为有爱心、有责任心、有良好行为习惯和个性品质的人。

5. 研学活动

以前，我们带着学生在书中读名山大川，如今，我们还要带着学生用脚步和双眼去丈量世界的广度和深度。我们不断拓宽教育的边界，引领学生走出学校教室，走向更为广阔的天地，在真实的情境中体验、合作探究，真正形成适应未来社会发展的必备品格和关键能力。我校的研学课程以"三化"为特征，即"课程化""本地化""时事化"，在不断改革中将传统的春秋游进行了创新。

6. 综合实践活动

融项目发展，综合育人促未来。在大综合的实践学习研究中，项目式学习成为聚焦学生核心素养、助力五育的有力抓手。学生从真实情境出发，在切身体验中培养高阶思维，在对知识的深度理解中落实解决问题的能力的培养，在融合与创新中指向未来发展。

（二）学生获奖

随着研究的扎实推进和成果的有效转化，近些年，我校学生在各级学术研讨现场会和各种基于大综合学习的实践活动中展现出高水准的思维品质，取得了优异的成绩，受到广泛关注和高度认可。

学生个人或团体获奖情况（部分）

序号	成果获奖项目	等级	颁奖单位及时间
1	学生发明的"一种可以调节长度的笔壳"获得国家实用新型专利证书		国家知识产权局 2020.2
2	参加"ICode第三届国际青少年编程竞赛中国区决赛"	银牌	ICode 2021.7
3	学生参加2017年四川省第八届"争当小实验家"科学实践比赛	一等奖	四川省教育厅 四川省科学技术协会 2017.5
4	第十四届四川省青少年机器人创新实践活动总评项目	二等奖	四川省教育厅 四川省科学技术协会 2016.5
5	第十四届四川省青少年机器人创新实践活动总评项目	三等奖	四川省教育厅 四川省科学技术协会 2016.5
6	2020年成都市青少年科技教育系列活动第十六届成都市青少年机器人竞赛编程项目	一等奖	成都市教育局 成都市科学技术协会 2020.6
7	学生参加成都市第十三届青少年机器人创新实践活动工程挑战赛项目	一等奖	成都市教育局 成都市科学技术协会 2019.4

续表

序号	成果获奖项目	等级	颁奖单位及时间
8	学生参加成都市第十五届中小学生电脑制作比赛	一等奖	成都市教育局 2019.7
9	学校参加2019年成都市"垃圾分类"周一行动活动	一等奖	共青团成都市委 成都市教育局 2019.12
10	成都市第三十六届青少年电子作品制作比赛综合项目团体	一等奖	成都市教育局 成都市科学技术协会 2016.12
11	成都市第三十六届青少年电子作品制作比赛机械模型项目团体	一等奖	成都市教育局 成都市科学技术协会 2016.12
12	第三十二届成都市青少年科技创新大赛团体科学论文项目	二等奖	成都市教育局 成都市科学技术协会 成都市科技局 2016.12
13	第三十二届成都市青少年科技创新大赛团体发明创造项目	三等奖	成都市教育局 成都市科学技术协会 成都市科技局 2016.12
14	学生参加第三十二届成都市青少年科技创新大赛个人科学论文	一等奖	成都市教育局 成都市科学技术协会 成都市科技局
15	学生参加锦江区2019年科技月金点子科技比赛	特等奖	锦江区教育局 锦江区科协 2019.5
16	学生参加锦江区2019年青少年科技创新大赛科学论文	一等奖	锦江区教育局 锦江区科协 2019.10
17	学生参加锦江区第十六届中小学生电脑制作比赛获数字创作评比项目	一等奖	锦江区教育局 2020.5
18	学生参加锦江区2019年小学生人工智能编程展演活动获得编程组	一等奖	锦江区教育科学研究院 2019.12
19	学生参加锦江区2020年青少年科技创新大赛科技实践比赛	一等奖	锦江区教育局 锦江区科协 2020.10
20	学生参加锦江区第十六届中小学生电脑制作比赛获创客类项目	一等奖	锦江区教育局 2020.3

获奖证书（部分）

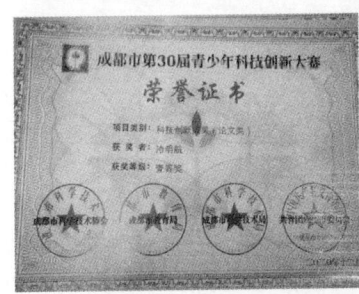

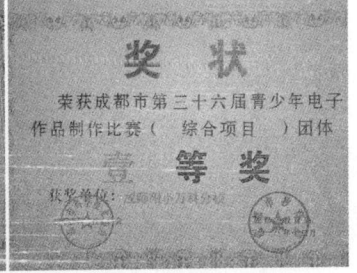

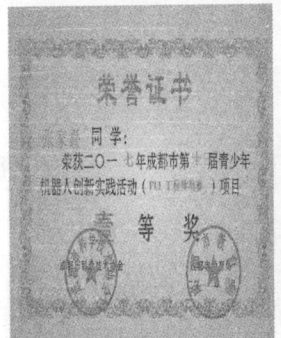

三、学校发展

学校历经了 15 年的聚焦高阶思维的大综合育人实践，始终以儿童创新思维的培养为根本价值追求，建立起儿童创新思维发展与大综合实践学习之间的逻辑关联，建构起基于大概念、大主题、大生活的大综合实践学习课程体系，并以整合性学习为统领，创生话题驱动式、主题探究式和问题解决式三大实施路径，形成了以学生创新思维评价为核心的评价体系。在各级学术研讨现场会中，我校学生展现出的深度思考、高阶思维、精准表达、独特品质受到高度赞扬。近 10 年来，学生整体学业质量呈现轻负高质的稳步上升趋势。在这一育人实践中，教师对课程的创新开发与实施有了显著提升。师生的变化充分证明了学校的办学水平。学校由一所新建学校成长为市新优质学校，得到了业内外的高度认可。

（一）学校获奖

1. 学校荣誉称号

学校建校以来，在聚焦高阶思维的大综合育人实践中，师生发展优异，学校在各方面都得到了发展，获得一系列称号。

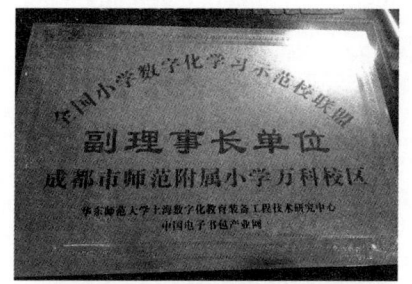 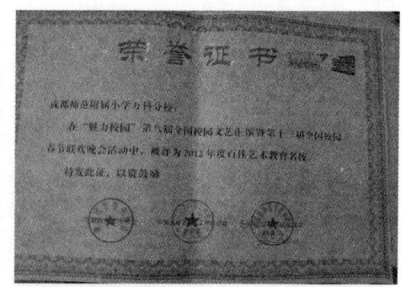

 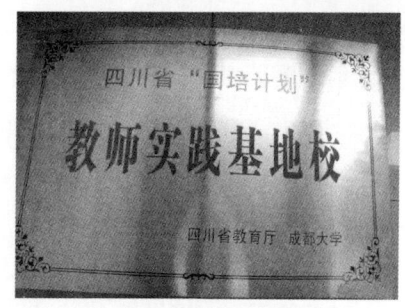

2．科技类

大综合实践学习对学生创新思维发展确实效果明显，学校组织学生参加各种科创类比赛，取得了丰硕的成果。

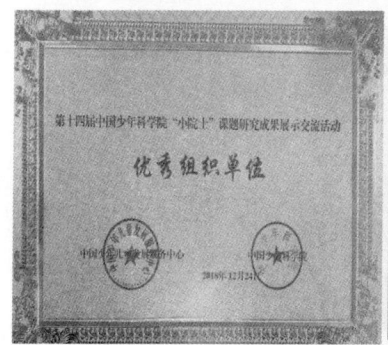 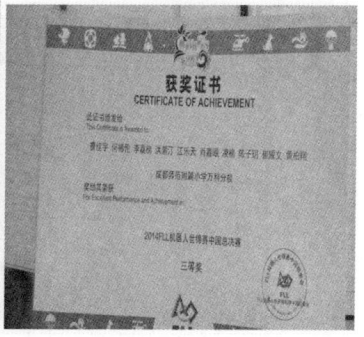

3. 综合实践类

除了科创类，学生参加其他类别的活动，也收获颇丰。

4. 媒体报道

学校以促进儿童创新思维发展的大综合实践学习为育人变革的核心，其成果被中国教育报、中国网、四川电视台等多家媒体宣传报道。

（二）学校辐射活动

近年来，成师附小万科分校内部一边进行大综合学习实践，一边在省区市的不同学校进行推广应用，以此推动成都市教育均衡高位发展。在市区教育局的引领下，学校先后与多个学校建立帮扶、引领、实践基地关系。学校以此为契机，从学科辐射至全域，从城市推向农村，在实践探索中进一步总结了具有万科特色的指向儿童创新思维发展的大综合实践学习的理性认识。

类型	学校名称	建立时间	备注
帮扶学校	成都市金堂县清江希望小学	2015 年 9 月	帮扶内容包括学校教育教学管理、师资队伍培训、教育科研实践、送教下乡、学生联谊
	甘孜州炉霍县充古乡中心小学	2017 年 9 月	
	凉山州普格县花山乡中心小学	2020 年 3 月	
集团学校	成员校：成都市菱窠路小学	2012 年 9 月	以强校带弱校形式开展工作
区域联盟	东部新区周家九义校	2019 年 12 月	教育融合、联动发展，实现区域内教育优势互补、资源共享
	龙泉驿区友谊小学	2019 年 12 月	
	都江堰市聚源小学	2019 年 12 月	
	邛崃市羊安镇泉水小学	2019 年 12 月	
实践基地	成都大学	自 2004 年建校起，长期为两校预备教师提供实习、跟岗培训	
	四川师范大学		

1. 帮扶引领

学校在帮扶引领工作中，聚焦大综合实践学习对学生创新思维发展开展活动研讨，不仅促进了学校品质的提升，还在学校全方面建设上取得了显著成效。

2. **牵头联动**

在牵头薄弱学校时，学校以大综合育人为指导方向进行校内外联动探索，以培养学生高阶思维开展主题探究，提升学业质量，提升教师专业水平。

3. **参观学习**

学校长期聚焦发展学生高阶思维的大综合育人实践，建构的基于大概念、大主题、大生活的大综合实践学习课程体系备受省区市内兄弟校的关注，得到高度评价。同时，作为成都大学、四川师范大学的实习生基地校，学校以开放、共享、育人的目的，推广大综合育人实践经验，在师范生中播下希望的火种。2015 年 9 月—2021 年 6 月，学校先后培养语文、数学、信息、科学、美术、音乐、英语类专业师范生共计 300 余人，内含研究生 40 余人。